AF175765

Impressum
Verlag: BABADADA GmbH, Nedderfeld 112 , 22529 Hamburg
Geschäftsführer / Verlagsleitung: Harald Hof
Druck: Books on Demand GmbH, In de Tarpen 42, 22848 Norderstedt

Imprint
Publisher: BABADADA GmbH, Nedderfeld 112 , 22529 Hamburg, Germany
Managing Director / Publishing direction: Harald Hof
Print: Books on Demand GmbH, In de Tarpen 42, 22848 Norderstedt

# โรงเรียน
## l'école

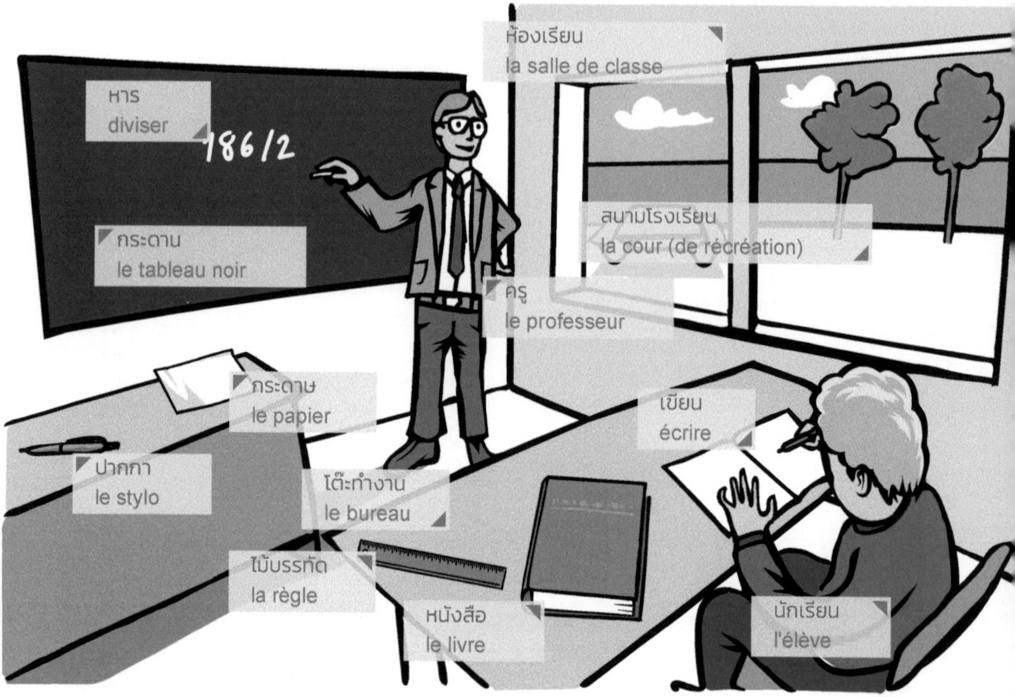

ห้องเรียน
la salle de classe
หาร
diviser
186/2
กระดาน
le tableau noir
สนามโรงเรียน
la cour (de récréation)
ครู
le professeur
กระดาษ
le papier
เขียน
écrire
ปากกา
le stylo
โต๊ะทำงาน
le bureau
ไม้บรรทัด
la règle
หนังสือ
le livre
นักเรียน
l'élève


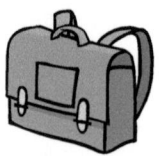

กระเป๋าหนังสือ

le cartable

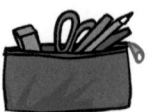

กล่องดินสอ

la trousse

ดินสอ

le crayon

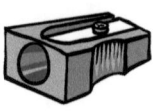

กบเหลาดินสอ

le taille-crayon

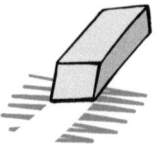

ยางลบ

la gomme

สมุดวาดภาพ

le carnet à dessin

ภาพวาด

le dessin

พู่กัน

le pinceau

กล่องสี

la boîte de peinture

กรรไกร

les ciseaux

กาว

la colle

สมุดแบบฝึกหัด

le cahier d'exercices

การบ้าน

les devoirs

ตัวเลข

le chiffre

บวก

additionner

ลบ

soustraire

คูณ

multiplier

คำนวณ

calculer

ตัวอักษร

la lettre

อักษรพยัญชนะ

l'alphabet

คำ

le mot

โรงเรียน - l'école

ข้อความ

le texte

อ่าน

lire

ชอล์ก

la craie

บทเรียน

la leçon

ลงทะเบียน

le livre de classe

การสอบ

l'examen

ใบรับรอง

le certificat

ชุดนักเรียน

l'uniforme scolaire

การศึกษา

la formation

สารานุกรม

le lexique

มหาวิทยาลัย

l'université

กล้องจุลทรรศน์

le microscope

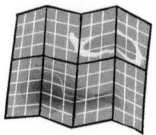

แผนที

la carte

ตะกร้าใส่เศษกระดาษทีไม่ใช้แล้ว

la corbeille à papier

# การท่องเที่ยว

## le voyage

โรงแรม
l'hôtel
Grand
โฮสเทล
l'auberge
ROOMS
สำนักงานแลกเปลี่ยนเงินตรา
le bureau de change
CHANGE
กระเป๋าเดินทาง
la valise
รถยนต์
la voiture


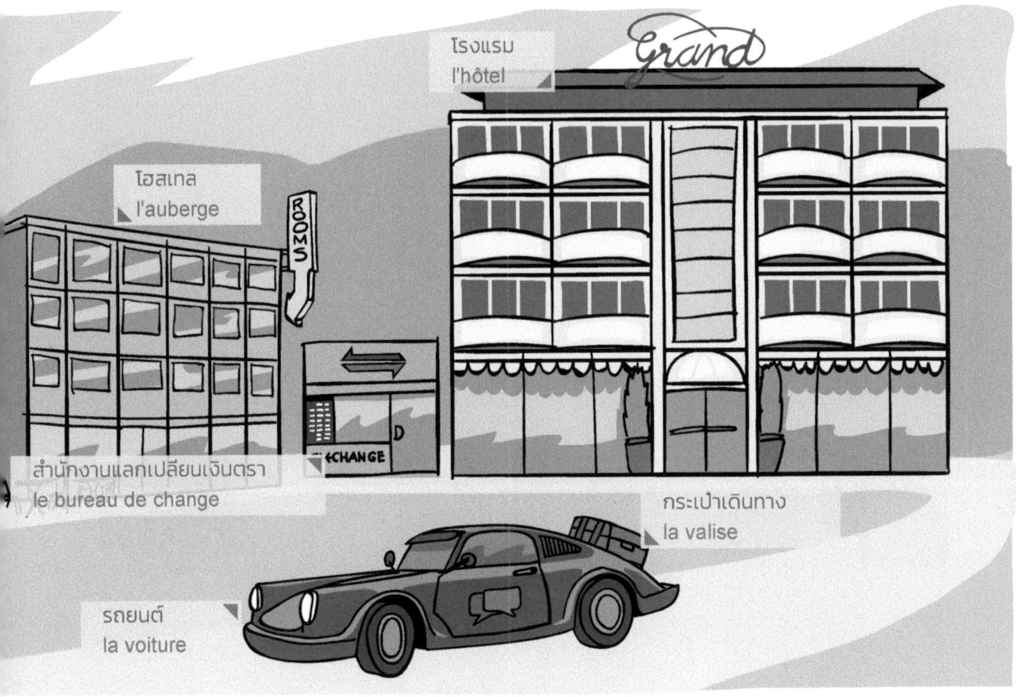

ภาษา

la langue

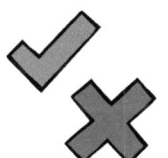

ใช่/ไม่ใช่

oui / non

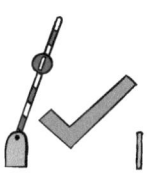

ตกลง

d'accord

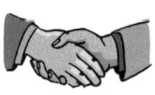

สวัสดี

Salut

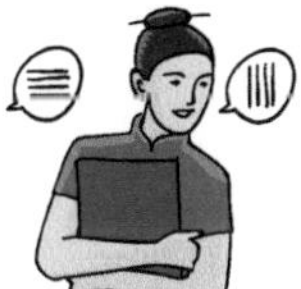

นักแปล

l'interprète

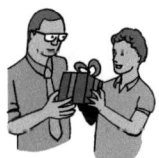

ขอบคุณ

merci

ราคาเท่าไหร่...?

Combien coûte...?

ฉันไม่เข้าใจ

Je ne comprends pas

ปัญหา

le problème

สวัสดีตอนเย็น

Bonsoir !

สวัสดีตอนเช้า

Bonjour !

ราตรีสวัสดี

Bonne nuit !

แล้วพบกันใหม่

Au revoir

ทิศทาง

la direction

กระเป๋าเดินทาง

les bagages

กระเป๋า

le sac

กระเป๋าสะพายหลัง

le sac-à-dos

แขก

l'hôte

ห้อง

la pièce

ถุงนอน

le sac de couchage

เต้นท์

la tente

ข้อมูลนักท่องเที่ยว
l'office de tourisme

ชายหาด
la plage

บัตรเครดิต
la carte de crédit

มื้อเช้า
le petit-déjeuner

มื้อกลางวัน
le déjeuner

มื้อเย็น
le dîner

ตั๋ว
le billet

ลิฟต์
l'ascenseur

แสตมป์
le timbre

พรมแดน
la frontière

ภาษีศุลกากร
la douane

สถานทูต
l'ambassade

วีซ่า
le visa

พาสปอร์ต
le passeport

# ขนส่ง

# le transport

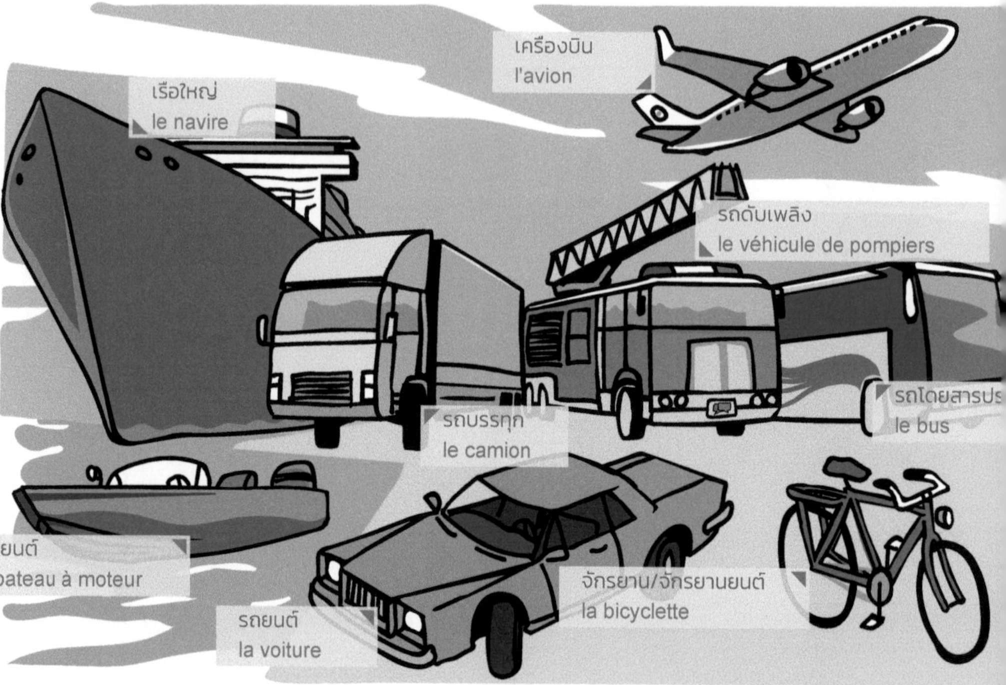

เครื่องบิน
l'avion
เรือใหญ่
le navire
รถดับเพลิง
le véhicule de pompiers
รถบรรทุก
le camion
รถโดยสารปร
le bus
รือยนต์
bateau à moteur
จักรยาน/จักรยานยนต์
la bicyclette
รถยนต์
la voiture


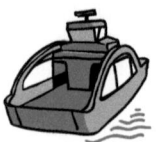

เรือข้ามฟาก

le ferry

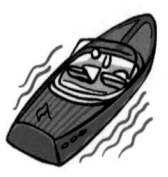

เรือ

la barque

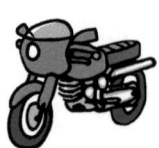

รถจักรยานยนต์

la moto

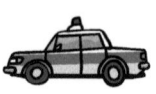

รถตำรวจ

la voiture de police

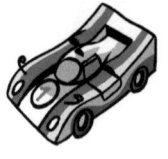

รถแข่ง

la voiture de course

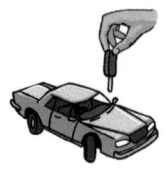

รถเช่า

la voiture de location

การแบ่งกันใช้รถยนต์

l'auto-partage

รถลาก

la voiture de remorquage

รถขยะ

la benne à ordures

เครื่องยนต์

le moteur

เชื้อเพลิง

l'essence

ปั๊มน้ำมัน

la station d'essence

เครื่องหมายจราจร

le panneau indicateur

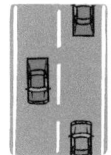

การจราจร

le trafic

การจราจรติดขัด

l'embouteillage

ที่จอดรถ

le parking

สถานีรถไฟ

la gare

รางรถไฟ

les rails

รถไฟ

le train

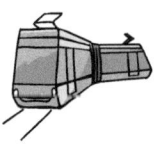

รถราง

le tramway

ตู้รถไฟ

le wagon

เฮลิคอปเตอร์

l'hélicoptère

สนามบิน

l'aéroport

หอคอย

la tour

ผู้โดยสาร

le passager

ตู้บรรจุสินค้า

le conteneur

กล่องกระดาษ

le carton

รถเข็น/รถลาก

le chariot

ตะกร้า

la corbeille

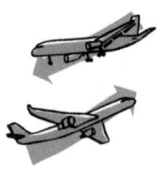

บินขึ้น/ ลงจอด

décoller / atterrir

## เมือง

## la ville

หมู่บ้าน

le village

ใจกลางเมือง

le centre-ville

บ้าน

la maison

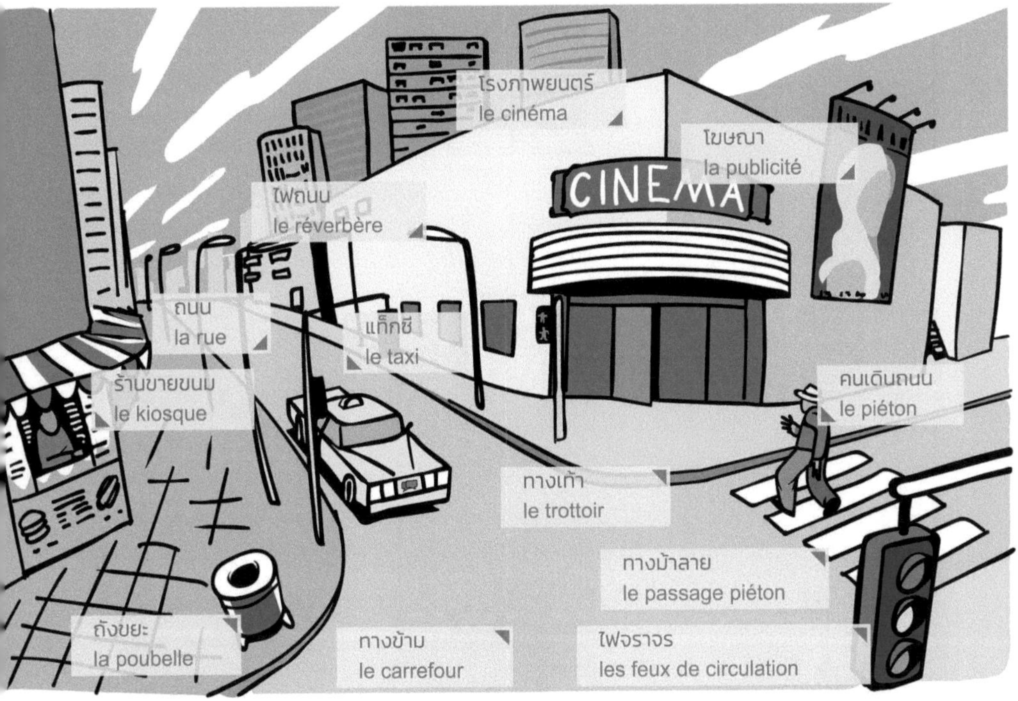

โรงภาพยนตร์
le cinéma
โฆษณา
la publicité
CINEMA
ไฟถนน
le réverbère
ถนน
la rue
แท็กซี่
le taxi
ร้านขายขนม
le kiosque
คนเดินถนน
le piéton
ทางเท้า
le trottoir
ทางม้าลาย
le passage piéton
ถังขยะ
la poubelle
ทางข้าม
le carrefour
ไฟจราจร
les feux de circulation


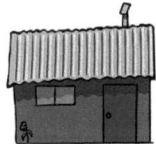

กระท่อม

la cabane

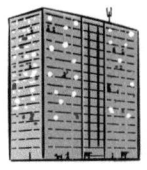

แฟลต

l'appartement

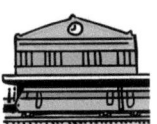

สถานีรถไฟ

la gare

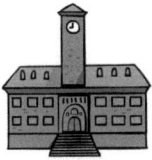

ศาลากลางจังหวัด

la mairie

MUSEUM


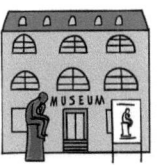

พิพิธภัณฑ์

le musée

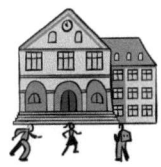

โรงเรียน

l'école

มหาวิทยาลัย
l'université

ธนาคาร
la banque

โรงพยาบาล
l'hôpital

โรงแรม
l'hôtel

ร้านขายยา
la pharmacie

สำนักงาน
le bureau

ร้านขายหนังสือ
la librairie

ร้านค้า
le magasin

ร้านขายดอกไม้
le fleuriste

ซูเปอร์มาร์เก็ต
le supermarché

ตลาด
le marché

ห้างสรรพสินค้า
le grand magasin

ร้านขายปลา
la poissonnerie

ศูนย์การค้า
le centre commercial

ท่าเรือ
le port

สวนสาธารณะ

le parc

ม้านั่ง

la banque

สะพาน

le pont

บันได

les escaliers

รถไฟใต้ดิน

le métro

อุโมงค์

le tunnel

ป้ายรถเมล์

l'arrêt de bus

บาร์

le bar

ร้านอาหาร

le restaurant

ตู้ไปรษณีย์

la boîte à lettres

ป้ายชื่อถนน

le panneau indicateur

มิเตอร์เก็บค่าจอดรถ

le parcmètre

สวนสัตว์

le zoo

สระว่ายน้ำ

le réverbère

สุเหร่า/มัสยิก

la mosquée

ฟาร์ม

la ferme

มลพิษ

la pollution

สุสาน

la cimetière

โบสถ์

l'église

สนามเด็กเล่น

l'aire de jeux

วัด

le temple

# ภูมิประเทศ
## le paysage

ใบไม้
la feuille

ป้ายบอกทาง
le panneau indicateur

ทาง
le chemin

ทุ่งหญ้า
le pré

ก้อนหิน
la pierre

ต้นไม้
l'arbre

นักเดินทางไกลด้วยเท้า
le randonneur

แม่น้ำ
la rivière

หญ้า
l'herbe

ดอกไม้
la fleur

หุบเขา
la vallée

เนินเขา
la montagne

ทะเลสาบ
le lac

ป่า
la forêt

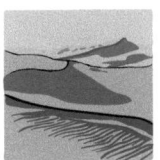

ทะเลทราย
le désert

ภูเขาไฟ
le volcan

คฤหาสน์
le château

รุ้งกินน้ำ
l'arc-en-ciel

เห็ด
le champignon

ต้นปาล์ม
le palmier

ยุง
le moustique

แมลงวัน
la mouche

มด
les fourmis

ผึ้ง
l'abeille

แมงมุม
l'araignée

แมลงปีกแข็ง

le coléoptère

กบ

la grenouille

กระรอก

l'écureuil

เม่น

le hérisson

กระต่ายป่า

le lièvre

นกฮูก

la chouette

นก

l'oiseau

หงส์

le cygne

หมูป่าตัวผู้

le sanglier

กวาง

le cerf

กวางมูส

l'élan

เขื่อน

le barrage

กังหันลม

l'éolienne

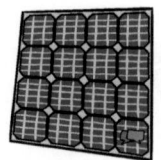

แผงโซล่าเซลล์

le panneau solaire

สภาพอากาศ

le climat

บริกรชาย
le serveur

รายการอาหาร
le menu

เก้าอี้
la chaise

ชุป
la soupe

พิชซ่า
la pizza

เครื่องใช้บนโต๊ะอาหาร
les couverts

ผ้าปูโต๊ะ
la nappe

อาหารเรียกน้ำย่อย

les hors d'œuvre

อาหารจานหลัก

le plat principal

ของหวาน

le dessert

เครื่องดื่ม

les boissons

อาหาร

l'alimentation

ขวด

la bouteille

อาหารจานด่วน

le fast-food

ร้านข้างถนน

les plats à emporter

กาน้ำชา

la théière

โถใส่น้ำตาล

le sucrier

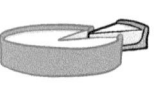

ส่วนแบ่งอาหารสำหรับหนึ่งคน

la portion

เครื่องชงกาแฟเอสเปรสโซ่

la machine à expresso

เก้าอี้สูง

la chaise haute

ใบเสร็จ

la facture

ถาด

le plateau

มีด

le couteau

ส้อม

la fourchette

ช้อน

la cuillère

ช้อนชา

la cuillère à thé

ผ้าเช็ดปากบนโต๊ะอาหาร

la serviette

แก้วน้ำ

le verre

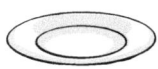

จาน
l'assiette

จานซุป
l'assiette à soupe

จานรอง
la soucoupe

ซอส
la sauce

กระปุกเกลือ
la salière

กระปุกบดพริกไทย
le moulin à poivre

น้ำส้มสายชู
le vinaigre

น้ำมันที่ใช้ปรุงอาหาร
l'huile

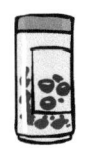

เครื่องเทศ
les épices

ซอสมะเขือเทศ
le ketchup

มัสตาร์ด
la moutarde

มายองเนส
la mayonnaise

# ซูเปอร์มาร์เก็ต

# le supermarché

ข้อเสนอพิเศษ
l'offre promotionnelle
FOR
ลูกค้า
le client
ผลิตภัณฑ์ที่ทำจากนม
les produits laitiers
ผลไม้
les fruits
รถเข็น
le chariot

BUTCHERS

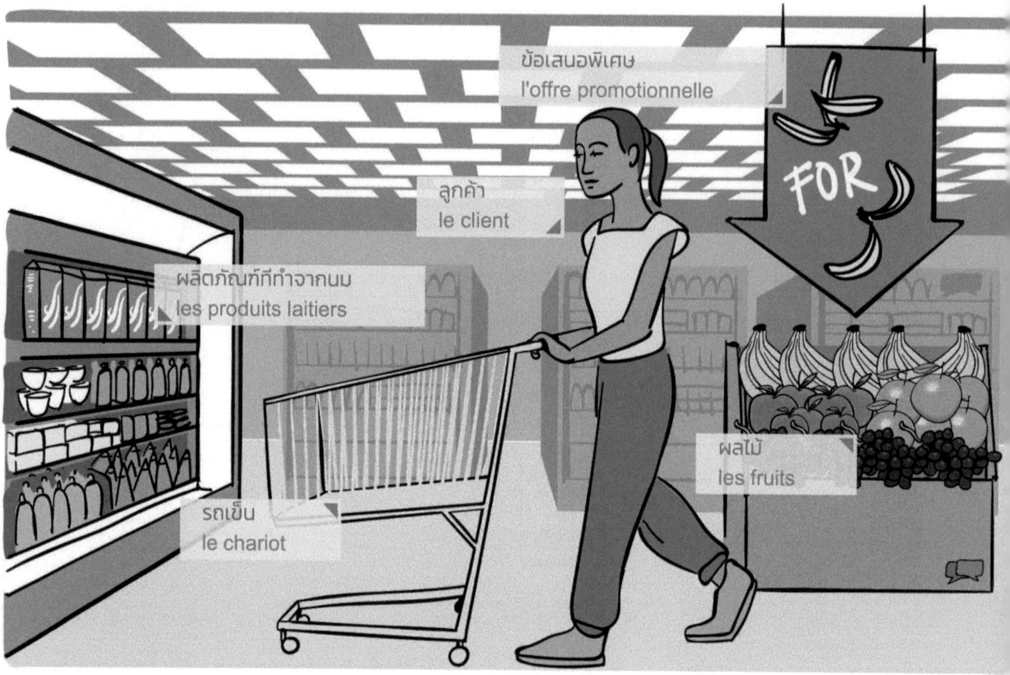

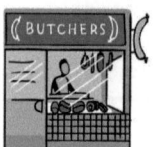

ร้านขายเนื้อ

la boucherie

BAKERY

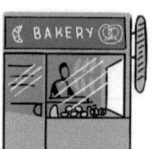

ร้านขายขนมปัง

la boulangerie

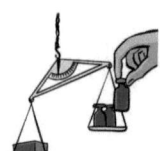

ชั่งน้ำหนัก

peser

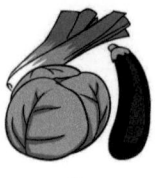

ผัก

les légumes

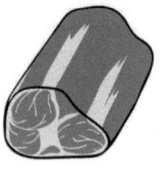

เนื้อ

la viande

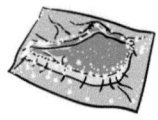

อาหารแช่แข็ง

les aliments surgelés

อาหารเนื้อตัดเย็น

la charcuterie

อาหารกระป๋อง

les conserves

ผงซักฟอก

la poudre à lessive

ขนมหวาน/ลูกกวาด

les bonbons

ผลิตภัณฑ์ในครัวเรือน

les articles ménagers

ผลิตภัณฑ์ทำความสะอาด

les détergents

พนักงานขายหญิง

la vendeuse

เครื่องคิดเงิน

la caisse

พนักงานจ่ายเงิน

le caissier

รายการซื้อของ

la liste d'achats

เวลาเปิดทำการ

les heures d'ouverture

กระเป๋าสตางค์

le portefeuille

บัตรเครดิต

la carte de crédit

กระเป๋า

le sac

ถุงพลาสติก

le sac en plastique

น้ำเปล่า

l'eau

น้ำผลไม้

le jus de fruit

นม

le lait

โค้ก

le coca

ไวน์

le vin

เบียร์

la bière

แอลกอฮอล์

l'alcool

โกโก้

le chocolat chaud

ชา

le thé

กาแฟ

le café

เอสเปรสโซ่

l'expresso

คาปูชิโน่

le cappuccino

# l'alimentation

กล้วย
.............
la banane

แอปเปิ้ล
.............
la pomme

ส้ม
.............
l'orange

เมลอน
.............
le melon

มะนาว
.............
le citron.

แครอท
.............
la carotte

กระเทียม
.............
l'ail

ต้นไผ่
.............
le bambou

หัวหอม
.............
l'oignon

เห็ด
.............
le champignon

ถั่ว
.............
les noisettes

ก๋วยเตี๋ยว
.............
les pâtes

สปาเก็ตตี้

les spaghetti

ข้าว

le riz

สลัด

la salade

มันฝรั่งทอด

les pommes frites

มันฝรั่งทอด

les pommes de terre rôties

พิชซ่า

la pizza

แฮมเบอร์เกอร์

le hamburger

แซนด์วิช

le sandwich

ชิ้นเนื้อไร้กระดูก

l'escalope

แฮม

le jambon

ไส้กรอกแห้งซาลามิ

le salami

ไส้กรอก

la saucisse

ไก่

le poulet

ย่าง/ปิ้ง

le rôti

ปลา

le poisson

อาหาร - l'alimentation

โจ๊กข้าวโอ๊ต

les flocons d'avoine

ธัญพืชอบกรอบ

le muesli

คอร์นเฟล็ค

les cornflakes

แป้งทำอาหาร

la farine

ครัวซองค์

le croissant

ขนมปังสโคน

les petits-pains

ขนมปัง

le pain

ขนมปังปิ้ง

le pain grillé

บิสกิต

les biscuits

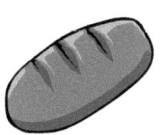

เนย

le beurre

นมข้น

le fromage blanc

เค้ก

le gâteau

ไข่

l'œuf

เปดาว

l'œuf au plat

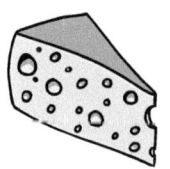

ชีส

le fromage

ไอศกรีม

la glace

น้ำตาล

le sucre

น้ำผึ้ง

le miel

แยม

la confiture

ช็อกโกแลตครีมสเปรด

la crème nougat

แกงกะหรี่

le curry

# ฟาร์ม
## la ferme

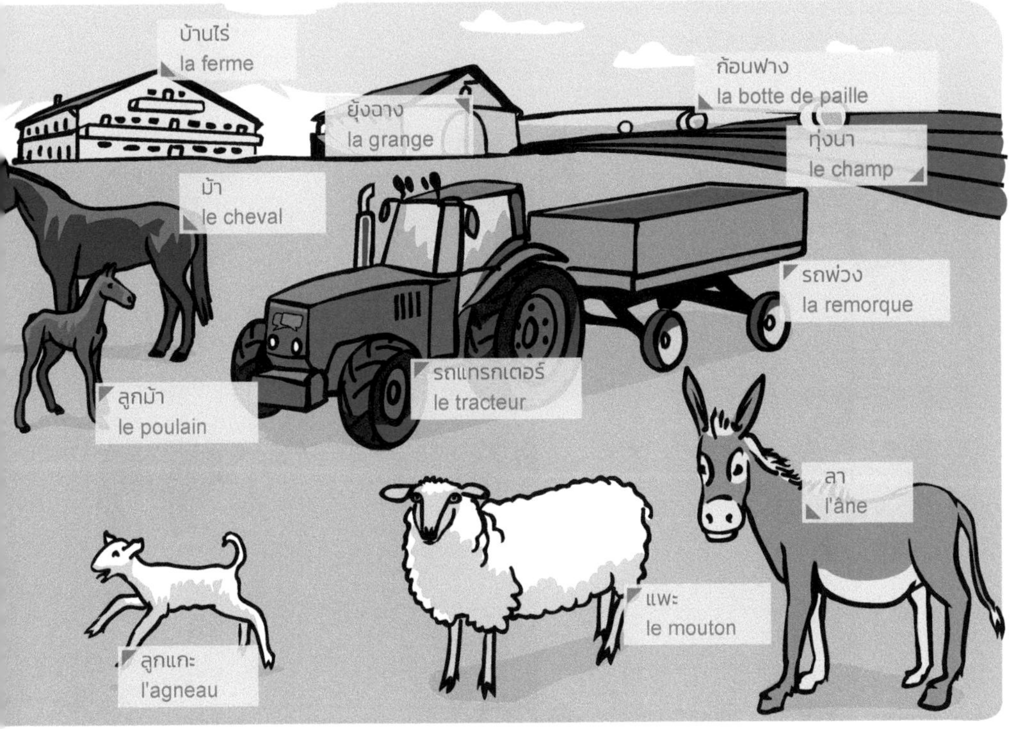

บ้านไร่
la ferme
ยุ้งฉาง
la grange
ก้อนฟาง
la botte de paille
ทุ่งนา
le champ
ม้า
le cheval
รถพ่วง
la remorque
รถแทรกเตอร์
le tracteur
ลูกม้า
le poulain
ลา
l'âne
แพะ
le mouton
ลูกแกะ
l'agneau


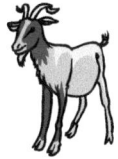

แพะ
..................
la chèvre

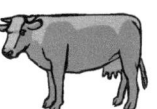

วัวตัวเมีย
..................
la vache

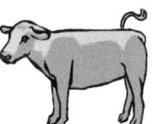

ลูกวัว
..................
le veau

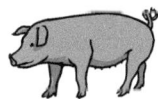

หมู
..................
le porc

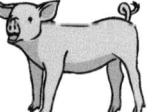

ลูกหมู
..................
le porcelet

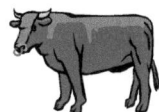

วัวตัวผู้
..................
le taureau

ห่าน

l'oie

เป็ด

le canard

ลูกไก่

le poussin

แม่ไก่

la poule

ไก่ตัวผู้

le coq

หนู

le rat

แมว

le chat

หนู

la souris

วัวตัวผู้สำหรับใช้แรงงานในฟาร์ม

le bœuf

สุนัข

le chien

บ้านสุนัข

le chenil

สายยางที่ใช้ในสวน

le tuyau de jardin

บัวรดน้ำต้นไม้

l'arrosoir

เคียวด้ามยาว

la faucheuse

คันไถ

la charrue

เคียว
la faucille

จอบ
la pioche

คราด
la fourche

ค้อน
la hache

รถเข็นล้อเดียว
la brouette

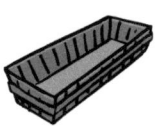

รางน้ำ
la cuve

ถังใส่นม
le pot à lait

กระสอบ
le sac

รั้ว
la clôture

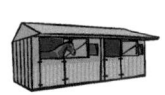

คอกม้า
l'étable

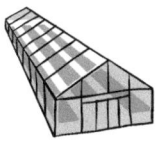

เรือนกระจก
le serre

ดิน
le sol

เมล็ดพืช
les semences

ปุ๋ย
l'engrais

เครื่องเกี่ยวนวดข้าว
la moissonneuse-batteuse

เก็บเกี่ยว

récolter

การเก็บเกี่ยว

la récolte

มันเทศ

l'igname

ข้าวสาลี

le blé

ถั่วเหลือง

le soja

มันฝรั่ง

la pomme de terre

ข้าวโพด

le maïs

ดอกเรพซีด

le colza

ต้นไม้ที่ออกผล

l'arbre fruitier

มันสำปะหลัง

le manioc

ธัญพืช

les céréales

# บ้าน
# la maison

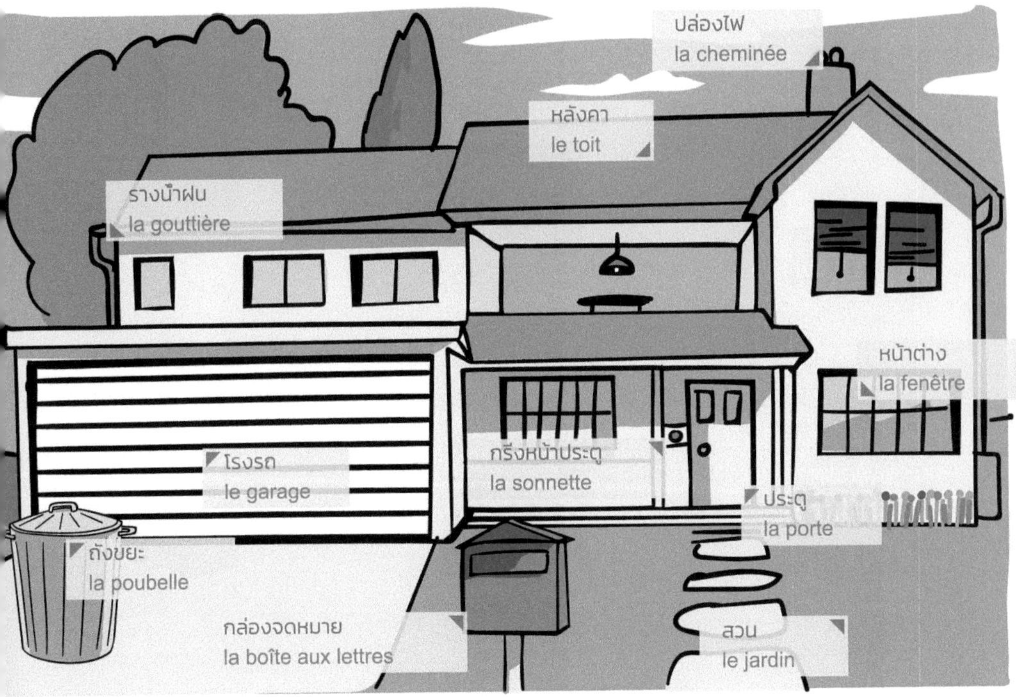
ปล่องไฟ
la cheminée
หลังคา
le toit
รางน้ำฝน
la gouttière
หน้าต่าง
la fenêtre
กริ่งหน้าประตู
la sonnette
โรงรถ
le garage
ประตู
la porte
ถังขยะ
la poubelle
กล่องจดหมาย
la boîte aux lettres
สวน
le jardin

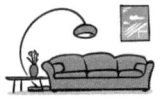

ห้องนั่งเล่น
........................
le salon

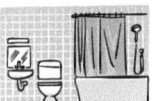

ห้องน้ำ
........................
la salle de bain

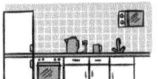

ห้องครัว
........................
la cuisine

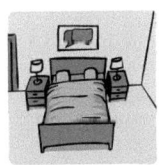

ห้องนอน
.......
la chambre à coucher

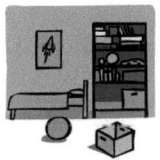

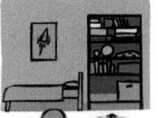

ห้องพักสำหรับเด็ก
........................
la chambre d'enfant

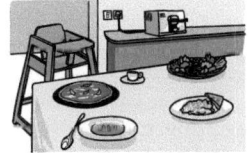

ห้องอาหาร
........................
la salle à manger

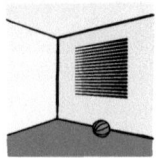

พื้น

le sol

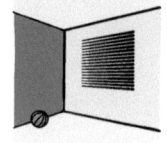

ผนัง

le mur

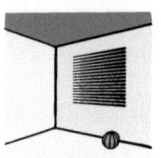

เพดาน

le plafond

ห้องเก็บของใต้ดิน

la cave

ชาวน่า

le sauna

ระเบียง

le balcon

ลานตะพักลำน้ำ

la terrasse

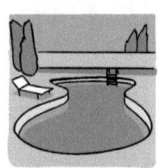

สระว่ายน้ำ

la piscine

เครื่องตัดหญ้า

la tondeuse à gazon

ผ้าปูที่นอน

la housse

ผ้าคลุมเตียง

la couette

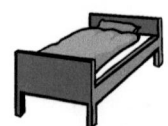

เตียง

le lit

ไม้กวาด

le balai

ถังน้ำ

le sceau

สวิตช์

l'interrupteur

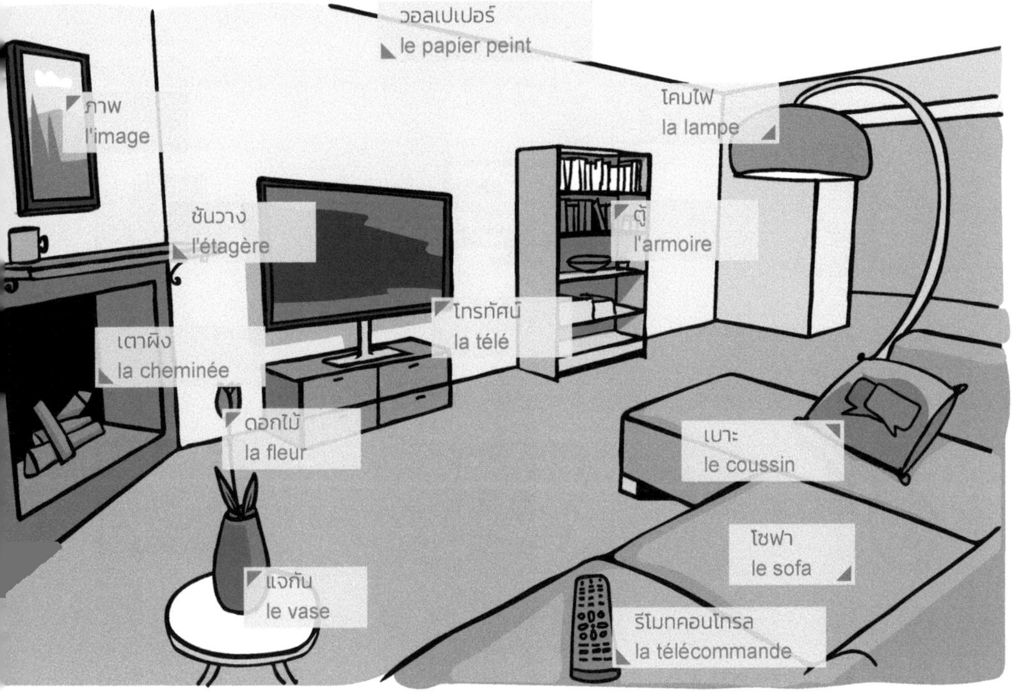

วอลเปเปอร์
le papier peint

ภาพ
l'image

โคมไฟ
la lampe

ชั้นวาง
l'étagère

ตู้
l'armoire

เตาผิง
la cheminée

โทรทัศน์
la télé

ดอกไม้
la fleur

เบาะ
le coussin

โซฟา
le sofa

แจกัน
le vase

รีโมทคอนโทรล
la télécommande

พรมเช็ดเท้า
le tapis

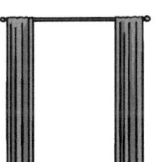

ผ้าม่าน
le rideau

โต๊ะ
la table

เก้าอี้
la chaise

เก้าอี้โยก
la chaise à bascule

เก้าอี้ที่มีที่วางแขน
le fauteuil

หนังสือ

le livre

ผ้าห่ม

la couverture

ของตกแต่ง

la décoration

ฟืน

le bois de chauffage

ภาพยนตร์

le film

เครื่องเสียงระบบไฮไฟ

la chaîne hi-fi

กุญแจ

la clé

หนังสือพิมพ์

le journal

จิตรกรรม

la peinture

โปสเตอร์

le poster

วิทยุ

la radio

สมุด

le bloc-notes

เครื่องดูดฝุ่น

l'aspirateur

ตะบองเพชร

le cactus

เทียนไข

la bougie

# ห้องครัว
# la cuisine

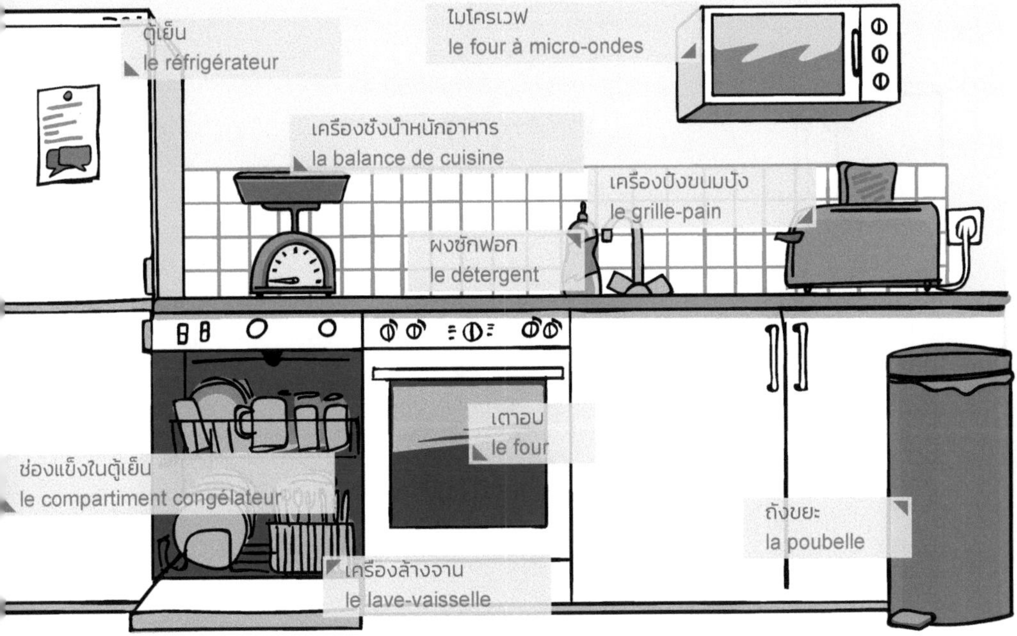

ตู้เย็น
le réfrigérateur
ไมโครเวฟ
le four à micro-ondes
เครื่องชั่งน้ำหนักอาหาร
la balance de cuisine
เครื่องปิ้งขนมปัง
le grille-pain
ผงซักฟอก
le détergent
เตาอบ
le four
ช่องแข็งในตู้เย็น
le compartiment congélateur
ถังขยะ
la poubelle
เครื่องล้างจาน
le lave-vaisselle


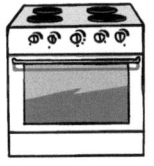

เตาปรุงอาหาร

le four

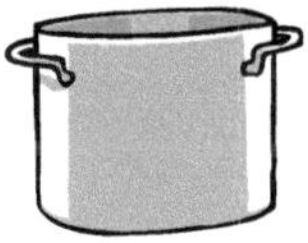

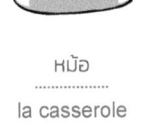

หม้อ

la casserole

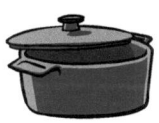

หม้อเหล็กหล่อ

la marmite

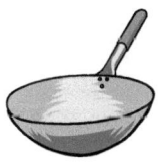

กระทะจีน

le wok / kadai

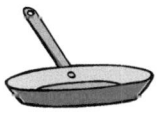

กระทะ

la poêle

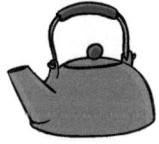

กาต้มน้ำ

la bouilloire electrique

หม้อไอน้ำ

le cuiseur vapeur

ถาดอบ

la plaque de cuisson

เครื่องถ้วยชาม

la vaisselle

เหยือก

le gobelet

ชาม

la coupe

ตะเกียบ

les baguettes

ทัพพีด้ามยาว

la louche

ตะหลิว

la spatule

ที่ตีไข่

le fouet

ที่กรอง

la passoire

กระชอน

le tamis

ที่ขูด

la râpe

ครก

le mortier

บาร์บีคิว

le barbecue

แคมป์ไฟถาวร

la cheminée

เขียง

la planche à découper

ไม้นวดแป้ง

le rouleau à pâtisserie

สว่านเปิดจุกขวด

le tire-bouchon

กระป๋อง

la boîte

ที่เปิดกระป๋อง

l'ouvre-boîte

ถุงมือจับของร้อน

les maniques

อ่างล้างจาน

le lavabo

แปรง

la brosse

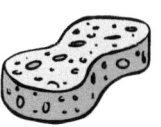

ฟองน้ำ

l'éponge

เครื่องปั่น

le mixeur

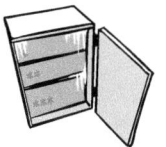

ตู้แช่แข็ง

le congélateur

ขวดนม

le biberon

ก๊อกน้ำ

le robinet

# la salle de bain

เครื่องทำความร้อน
le chauffage

ผักบัว
la douche

ผ้าเช็ดมือ
la serviette

ม่านห้องน้ำ
le rideau de douche

สบู่ทำฟอง
le bain moussant

อ่างอาบน้ำ
la baignoire

แก้วน้ำ
le verre

เครื่องซักผ้า
la machine à laver

ก๊อกน้ำ
le robinet

กระเบื้อง
le carrelage

โถส้วมสำหรับเด็ก
le pot

อ่างล้างจาน
le lavabo

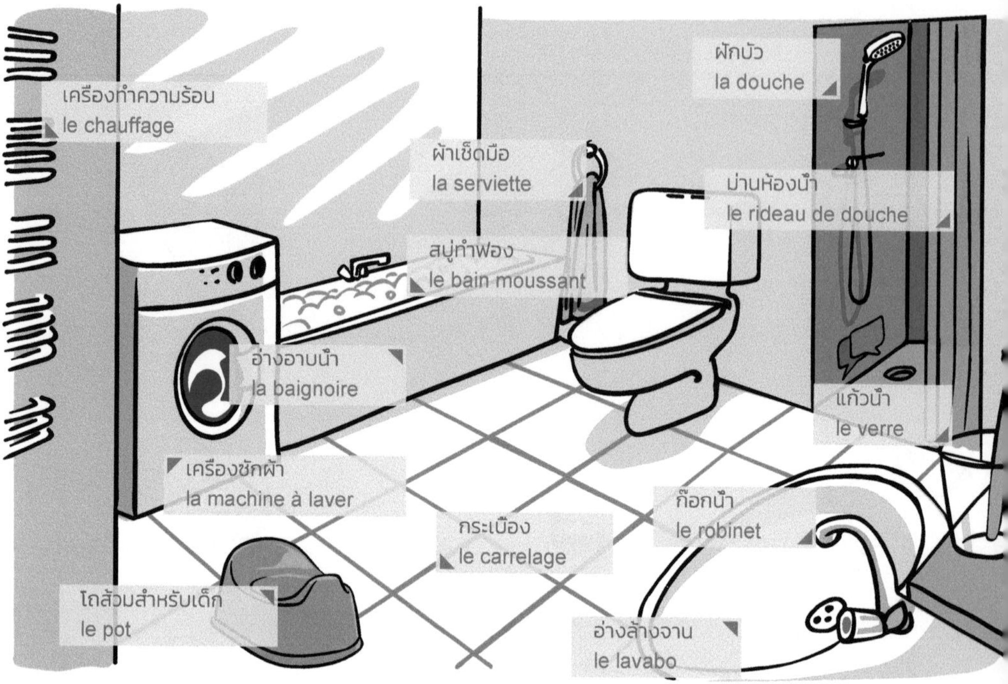

ห้องส้วม

les toilettes

ส้วมนั่งยอง

la toilette à la turque

โถปัสสาวะหญิง

le bidet

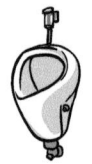

โถปัสสาวะชาย

l'urinoir

กระดาษชำระสำหรับใช้ในห้องน้ำ

le papier toilette

แปรงขัดห้องน้ำ

la brosse à toilette

แปรงสีฟัน

la brosse à dents

ยาสีฟัน

le dentifrice

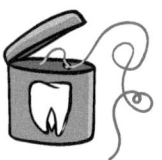

ไหมขัดฟัน

le fil dentaire

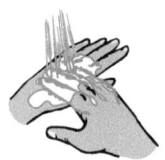

ล้าง

laver

ฝักบัวมือ

la douche manuelle

สายฉีดชำระ

la douche intime

อ่างล้างหน้า

la vasque

แปรงถูหลัง

la brosse dorsale

สบู่

le savon

เจลอาบน้ำ

le gel douche

แชมพู

le shampooing

ผ้าสักหลาด

le gant de toilette

ท่อระบายน้ำทิ้ง

l'écoulement

ครีม

la crème

ผลิตภัณฑ์ระงับกลิ่นตัว

le déodorant

กระจก

le miroir

กระจกถือ

le miroir cosmétique

ที่โกนหนวด

le rasoir

โฟมโกนหนวด

la mousse à raser

โลชั่นบำรุงผิวหลังโกนหนวด

l'après-rasage

หวี

la peigne

แปรง

la brosse

ไดร์เปาผม

le sèche-cheveux

สเปรย์ฉีดผม

la laque pour cheveux

ชุดเครื่องสำอาง

le fond de teint

ลิปสติก

le rouge à lèvres

น้ำยาทาเล็บ

le vernis à ongles

สำลี

l'ouate

กรรไกรตัดเล็บ

le coupe-ongles

น้ำหอม

le parfum

กระเป๋าอาบน้ำ

la trousse de toilette

เก้าอี้สามขา

le tabouret

เครื่องชั่งน้ำหนัก

le pèse-personne

เสื้อคลุมอาบน้ำ

le peignoir

ถุงมือยาง

les gants de nettoyage

ผ้าอนามัยแบบสอด

le tampon

ผ้าอนามัย

es serviettes hygiéniques

ส้วมเคมี

la toilette chimique

# ห้องพักสำหรับเด็ก

# la chambre d'enfant

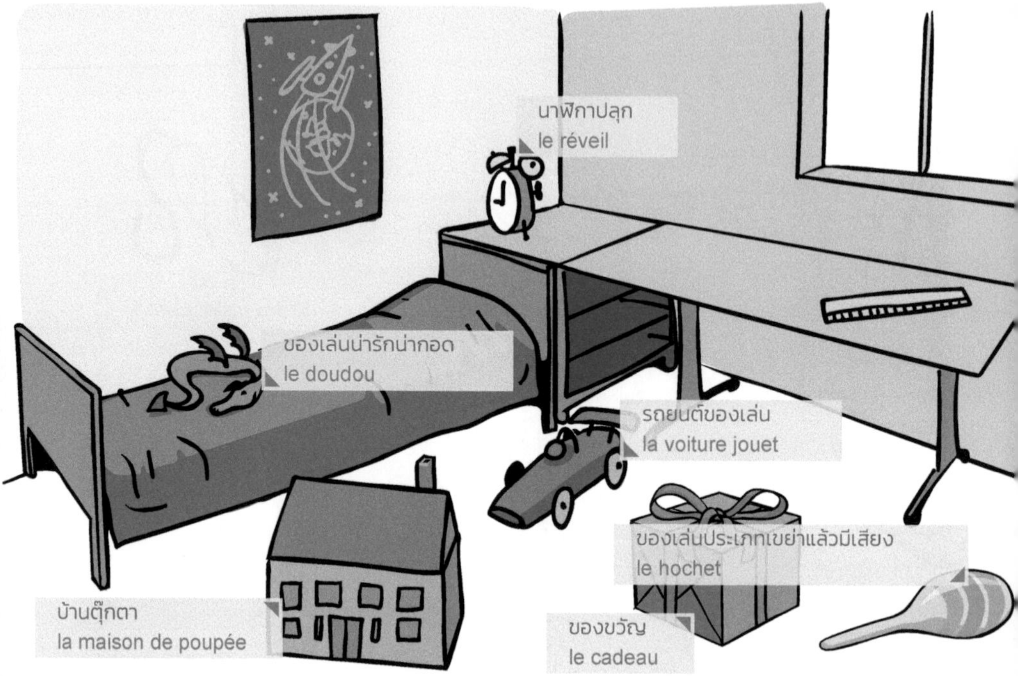
นาฬิกาปลุก
le réveil
ของเล่นน่ารักน่ากอด
le doudou
รถยนต์ของเล่น
la voiture jouet
ของเล่นประเภทเขย่าแล้วมีเสียง
le hochet
บ้านตุ๊กตา
la maison de poupée
ของขวัญ
le cadeau

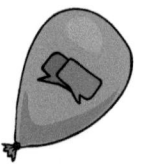

ลูกโป่ง

le ballon

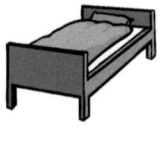

เตียง

le lit

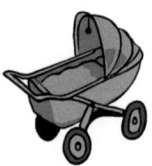

รถเข็นเด็ก

la poussette

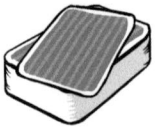

สำรับไพ่

le jeu de cartes

จิ๊กซอว์

le puzzle

SUPER
MEGA

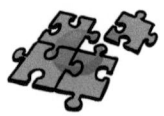

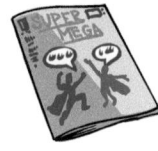

หนังสือการ์ตูน

la bande dessinée

ตัวต่อเลโก้

les pièces lego

บล็อกของเล่น

les blocs de construction

ฟิกเกอร์แบบขยับท่าทางได้

la figurine

เสื้อผ้าทารก

la grenouillère

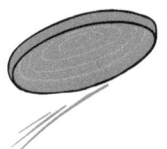

จานร่อน

le frisbee

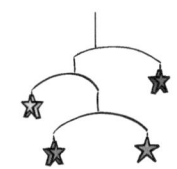

โมบายแขวนหัวเตียงเด็ก

le mobile

เกมกระดาน

le jeu de société

ลูกเต๋า

le dé

ชุดรถไฟจำลอง

le train miniature

หุ่น

la sucette

ปาร์ตี้

la fête

หนังสือภาพ

le livre d'images

ลูกบอล

la balle

ตุ๊กตา

la poupée

เล่น

jouer

หลุมทราย

le bac à sable

ชิงช้า

la balançoire

ของเล่น

les jouets

เครื่องเล่นวิดีโอเกม

la console de jeu

รถจักรยานสามล้อ

le tricycle

ตุ๊กตาหมี

l'ours en peluche

ตู้เสื้อผ้า

l'armoire

# เสื้อผ้า

# les vêtements

ถุงเท้า

les chaussettes

ถุงน่อง

les bas

กางเกงรัดรูป

le collant

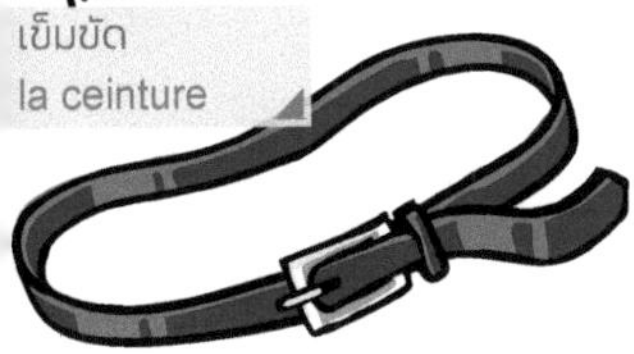

ผ้าพันคอ
l'écharpe

ร่ม
le parapluie

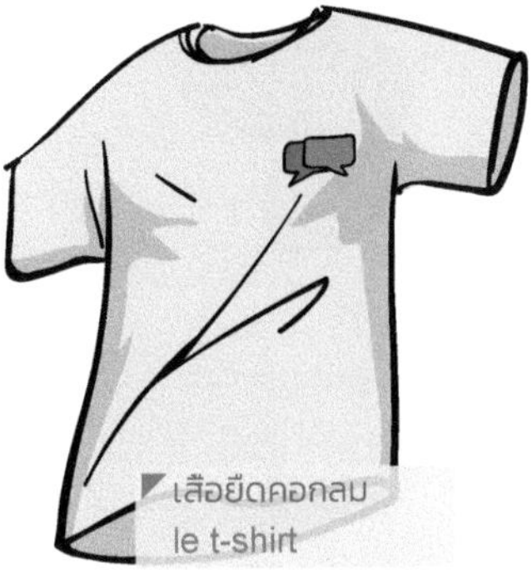

เข็มขัด
la ceinture

เสื้อยืดคอกลม
le t-shirt

รองเท้าบูท
les bottes

รองเท้าสวมเดินในบ้าน
les pantoufles

รองเท้ากีฬา
les baskets

รองเท้าแตะ
les sandales

รองเท้า
les chaussures

ร้องเท้าบูทยาง
les bottes de caoutchouc

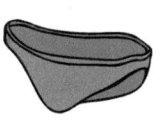

กางเกงชั้นใน
les sous-vêtements

ยกทรง
le soutien-gorge

เสื้อกล้าม
le maillot de corps

เสื้อรัดรูป

le body

กางเกงขายาว

le pantalon

กางเกงยีน

le jean

กระโปรง

la jupe

เสื้อเชิ้ตสตรี

le chemisier

เสื้อเชิ้ต

la chemise

เสื้อกันหนาว

le pull

เสื้อคลุมมีหมวก

le sweat à capuche

เสื้อเบลเซอร์

la veste

เสื้อแจ็กเก็ต

la veste

เสื้อโค้ท

le manteau

เสื้อกันฝน

l'imperméable

เครื่องแต่งกาย

le costume

ชุดเดรส

la robe

ชุดแต่งงาน

la robe de mariée

เสื้อสูท
le costume

ชุดราตรี
la chemise de nuit

ชุดนอน
le pyjama

ผ้าส่าหรี
le sari

อิญาบ
le foulard

ผ้าโพกศรีษะ
le turban

เสื้อบุรเกาะ
la burqa

เสื้อคลุมคาฟตาน
le caftan

เสื้อคลุมอบายะห์
l'abaya

ชุดว่ายน้ำ
le maillot de bain

กางเกงว่ายน้ำ
le maillot de bain

กางเกงขาสั้น
le short

ชุดวอร์ม
la tenue d'entraînement

ผ้ากันเปื้อน
le tablier

ถุงมือ
les gants

กระดุม

le bouton

แว่นตา

les lunettes

กำไลข้อมือ

le bracelet

สร้อยคอ

le collier

แหวน

la bague

ต่างหู

la boucle d'oreille

หมวกแก็ป

le bonnet

ที่แขวนเสื้อโค้ท

le cintre

หมวกปีกกว้าง

le chapeau

เนคไท

la cravate

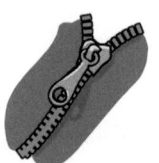

ซิป

la fermeture éclair

หมวกกันน็อก

le casque

สายโยงกางเกง

les bretelles

ชุดนักเรียน

l'uniforme scolaire

เครื่องแบบ

l'uniforme

ผ้ากันเปื้อนเด็ก

le bavoir

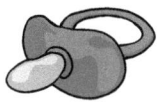

หุ่น

la sucette

ผ้าอ้อม

la lange

# สำนักงาน

# le bureau

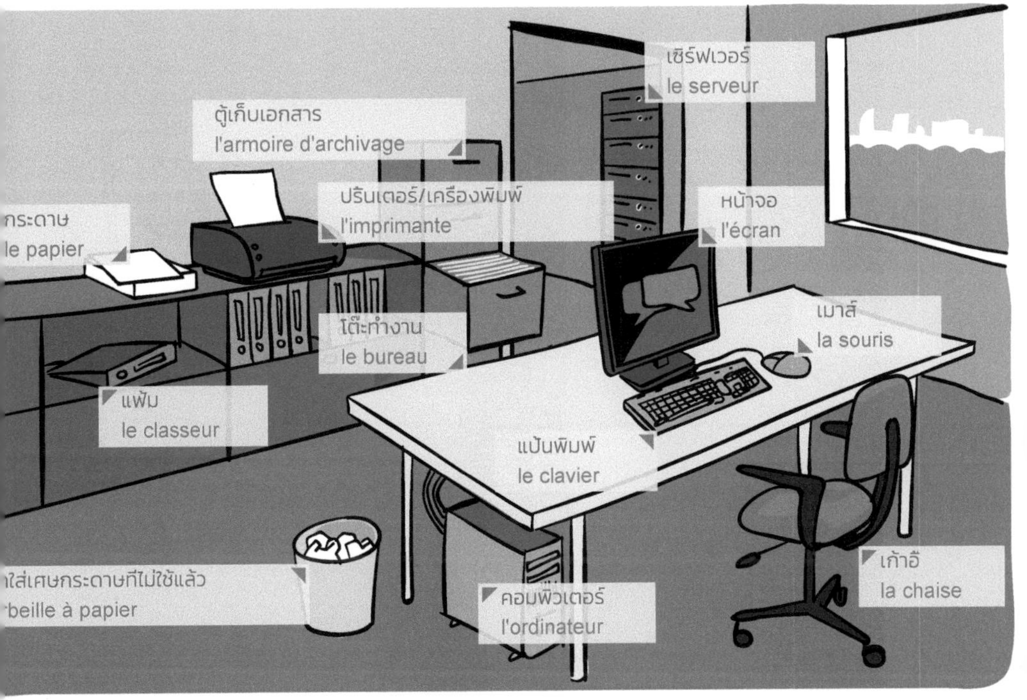

เซิร์ฟเวอร์
le serveur

ตู้เก็บเอกสาร
l'armoire d'archivage

ปริ้นเตอร์/เครื่องพิมพ์
l'imprimante

หน้าจอ
l'écran

กระดาษ
le papier

เมาส์
la souris

โต๊ะทำงาน
le bureau

แฟ้ม
le classeur

แป้นพิมพ์
le clavier

ใส่เศษกระดาษที่ไม่ใช้แล้ว
beille à papier

เก้าอี้
la chaise

คอมพิวเตอร์
l'ordinateur

แก้วมัคใส่กาแฟ

la tasse de café

เครื่องคิดเลข

la calculatrice

อินเตอร์เน็ต

l'internet

คอมพิวเตอร์แบบพกพา

l'ordinateur portable

จดหมาย

la lettre

ข้อความ

le message

โทรศัพท์มือถือ

le portable

เครือข่าย

le réseau

เครื่องถ่ายเอกสาร

la photocopieuse

ซอฟต์แวร์

le logiciel

โทรศัพท์

le téléphone

ปลั๊กตัวเมีย/เต้าเสียบ

la prise

เครื่องแฟกซ์

le fax

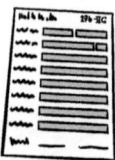

แบบฟอร์ม

le formulaire

เอกสาร

le document

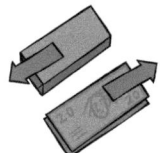

ซื้อ

acheter

จ่าย

payer

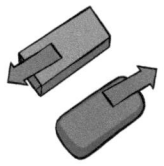

แลกเปลี่ยน

faire du commerce

เงิน

la monnaie

ดอลลาร์

le dollar

ยูโร

l'euro

เยน

le yen

รูเบิล

le rouble

ฟรังก์สวิส

le franc suisse

หยวนเหรินหมินปี้

le renminbi yuan

รูปี

la roupie

เครื่องสำหรับกดเงินสดจากธนาคาร

le distributeur automatique

สำนักงานแลกเปลี่ยนเงินตรา

le bureau de change

ทอง

l'or

เงิน

l'argent

น้ำมัน

le pétrole

พลังงาน

l'énergie

ราคา

le prix

สัญญา

le contrat

ภาษี

la taxe

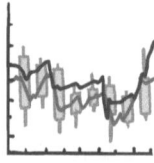

หุ้น

l'action

ทำงาน

travailler

ลูกจ้าง

l'employé

นายจ้าง

l'employeur

โรงงาน

l'usine

ร้านค้า

le magasin

# อาชีพ
# les professions

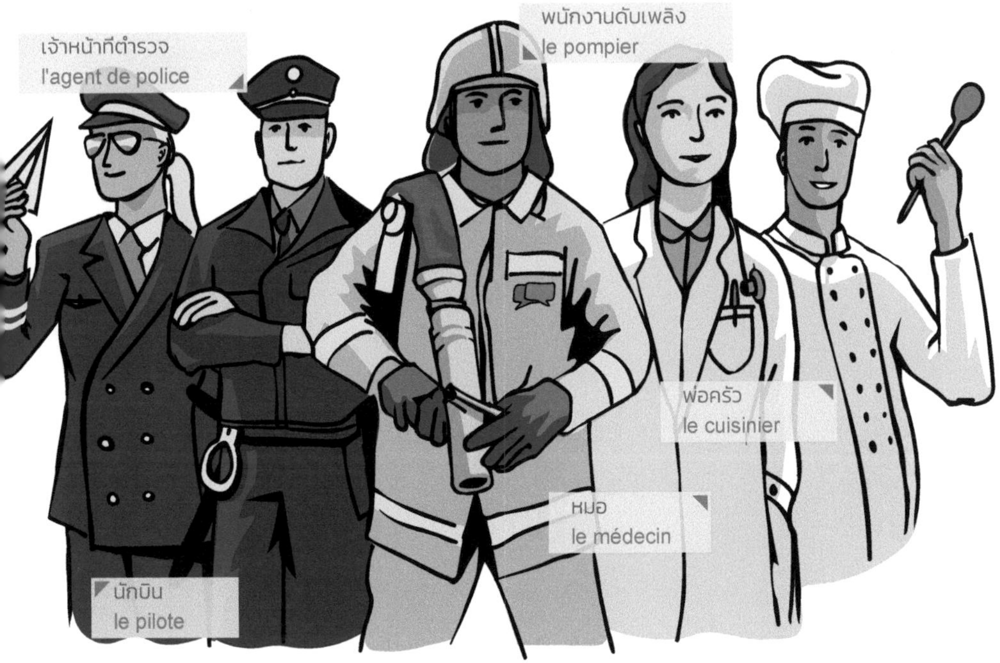

เจ้าหน้าที่ตำรวจ
l'agent de police
พนักงานดับเพลิง
le pompier
พ่อครัว
le cuisinier
หมอ
le médecin
นักบิน
le pilote


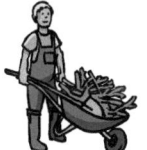

ชาวสวน

le jardinier

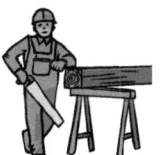

ช่างไม้

le menuisier

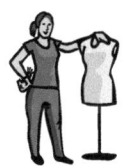

ช่างเย็บผ้าที่เป็นผู้หญิง

la couturière

ผู้พิพากษา

le juge

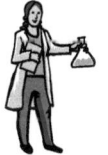

นักเคมี

le chimiste

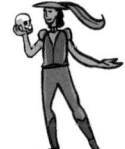

นักแสดงชาย

l'acteur

คนขับรถประจำทาง

le conducteur de bus

คนขับรถแท็กซี่

le chauffeur de taxi

ชาวประมง

le pêcheur

แม่บ้านทำความสะอาด

la femme de ménage

ช่างมุงหลังคา

le couvreur

บริกรชาย

le serveur

นายพราน

le chasseur

จิตรกร

le peintre

คนทำขนมปัง

le boulanger

ช่างไฟฟ้า

l'électricien

ช่างก่อสร้าง

l'ouvrier

วิศวกร

l'ingénieur

คนขายเนื้อ

le boucher

ช่างประปา

le plombier

บุรุษไปรษณีย์

le facteur

ทหาร
le soldat

สถาปนิก
l'architecte

พนักงานจ่ายเงิน
le caissier

คนขายดอกไม้
le fleuriste

ช่างทำผม
le coiffeur

พนักงานตรวจตั๋ว
le contrôleur

ช่างซ่อมรถยนต์
le mécanicien

กัปตัน
le capitaine

ทันตแพทย์
le dentiste

นักวิทยาศาสตร์
le scientifique

แรบไบ
le rabbin

อิหม่าม
l'imam

พระ
le moine

พระ/นักบวช
le prêtre

# เครื่องมือ

# les outils

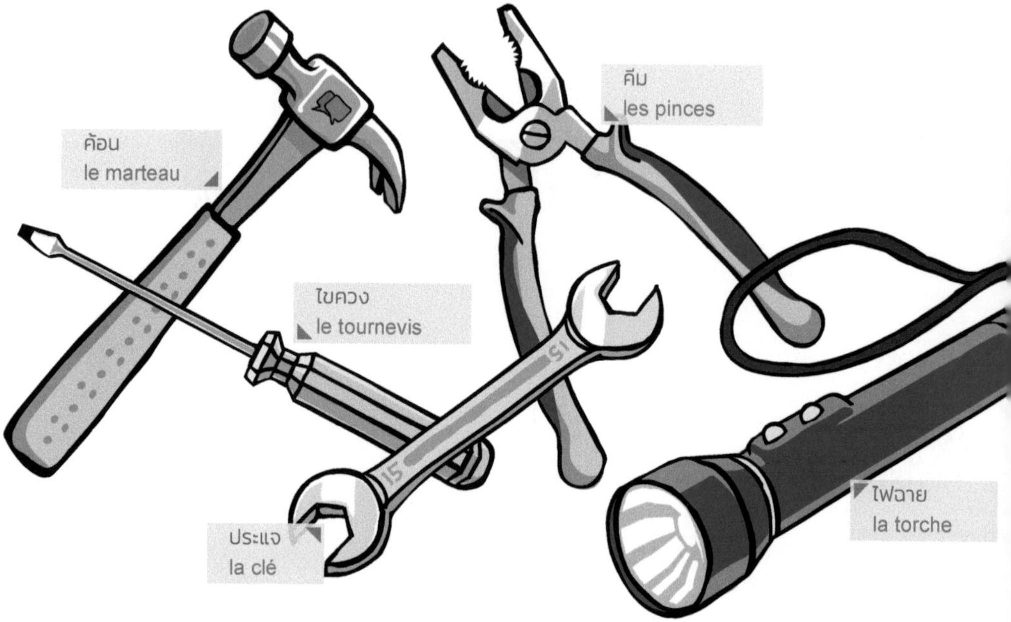
ค้อน
le marteau
คีม
les pinces
ไขควง
le tournevis
ประแจ
la clé
ไฟฉาย
la torche

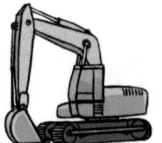

เครื่องขุด

la pelleteuse

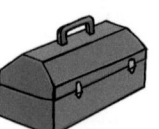

กล่องเครื่องมือ

la boîte à outils

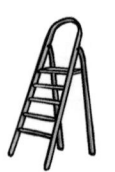

กระได

l'échelle

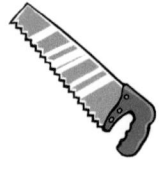

เลื่อย

la scie

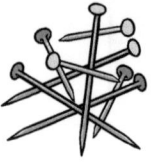

ตะปู

les clous

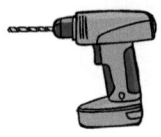

สว่าน

la perceuse

ช่อมแซม
reparer

พลั่ว
la pelle

ตายห่า!
Mince !

ที่โกยขยะ
la pelle

ถังสี
le pot de peinture

สกรู
les vis

## เครื่องดนตรี
# les instruments de musique

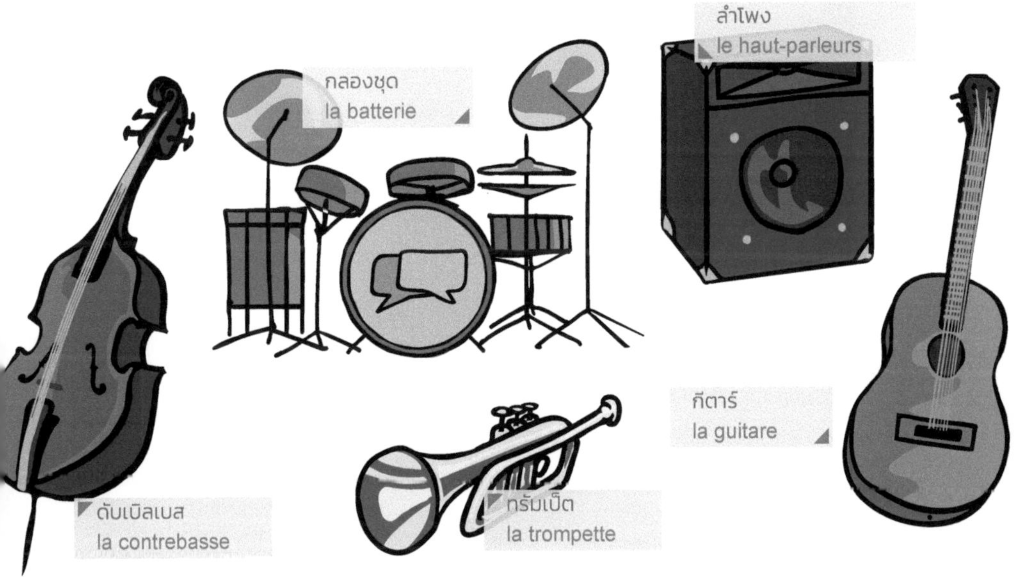

กลองชุด
la batterie

ลำโพง
le haut-parleurs

ดับเบิลเบส
la contrebasse

ทรัมเป็ต
la trompette

กีตาร์
la guitare

เปียโน

le piano

ไวโอลิน

le violon

เบส

la basse

กลองทิมปานี

les timbales

กลอง

le tambour

คีย์บอร์ด

le piano électrique

แซ็กโซโฟน

le saxophone

ฟลูต

la flûte

ไมโครโฟน

le microphone

# สวนสัตว์
## le zoo

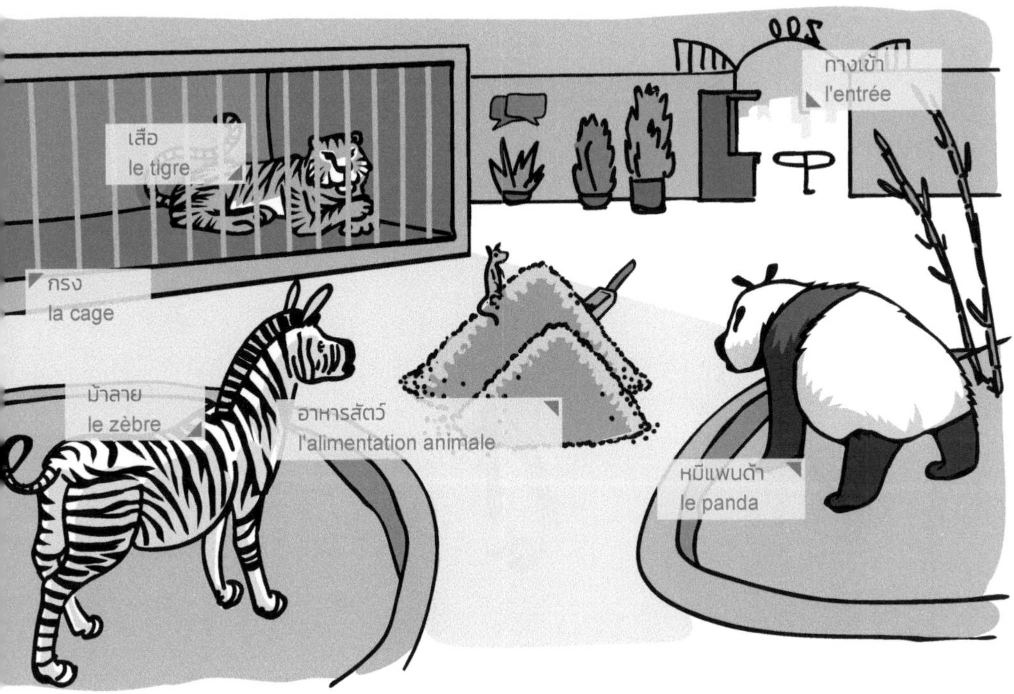
ทางเข้า
l'entrée
เสือ
le tigre
กรง
la cage
ม้าลาย
le zèbre
อาหารสัตว์
l'alimentation animale
หมีแพนด้า
le panda

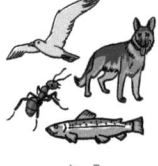

สัตว์

les animaux

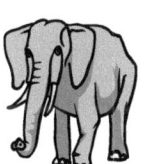

ช้าง

l'éléphant

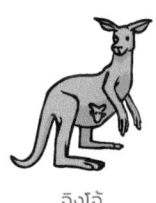

จิงโจ้

le kangourou

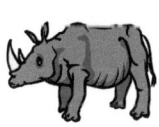

แรด

le rhinocéros

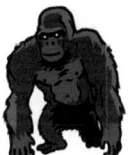

กอริลล่า

le gorille

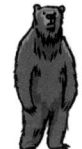

หมี

l'ours

อูฐ

le chameau

นกกระจอกเทศ

l'autruche

สิงโต

le lion

ลิง

le singe

นกฟลามิงโก

le flamand rose

นกแก้ว

le perroquet

หมีขั้วโลก

l'ours polaire

เพนกวิน

le pingouin

ฉลาม

le requin

นกยูง

le paon

งู

le serpent

จระเข้

le crocodile

ผู้ดูแลสัตว์

le gardien de zoo

แมวน้ำ

le phoque

เสือจากัวร์

le jaguar

ม้าพันธุ์เล็ก

le poney

เสือดาว

le léopard

ฮิปโป

l'hippopotame

ยีราฟ

la girafe

เหยี่ยว

l'aigle

หมูป่าตัวผู้

le sanglier

ปลา

le poisson

เต่า

la tortue

ช้างน้ำ

le morse

จิ้งจอก

le renard

กาเซลล์

la gazelle

อเมริกันฟุตบอล
l'american Football

ขี่จักรยาน
le cyclisme

เทนนิส
le tennis

บาสเกตบอล
le basket-ball

ว่ายน้ำ
la natation

ฮอคกี้น้ำแข็ง
le hockey sur glace

มวย
la boxe

ฟุตบอล
le football

แบดมินตัน
le badminton

กรีฑา
l'athlétisme

แฮนด์บอล
le handball

สกี
le ski

กีฬาโปโลน้ำ
le polo

# กิจกรรม
# les activités

หัวเราะ
rire
กระโดด
sauter
กอด
embrasser
เดิน
marcher
ร้องเพลง
chanter
ฝัน
rêver
ภาวนา/สวดมนต์
prier
จูบ
faire la bise


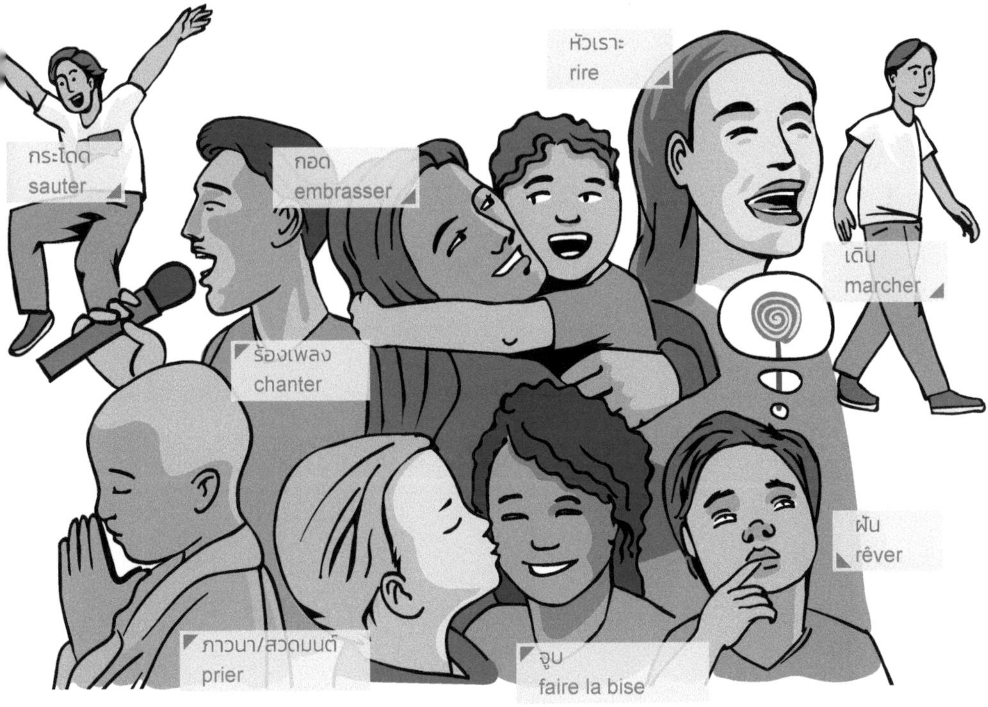

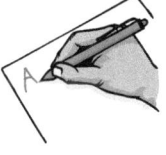

เขียน
écrire

วาดภาพ
dessiner

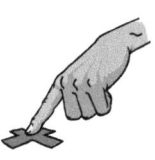

แสดง
montrer

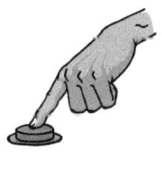

ผลัก
pousser

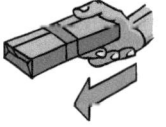

ให้
donner

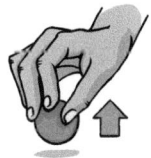

เอาไป
prendre

มี
..............
avoir

ทำ
..............
faire

เป็น
..............
être

ยืน
..............
être debout

วิ่ง
..............
courir

ดึง
..............
trier

โยน
..............
jeter

ตก/หล่น
..............
tomber

นอนเหยียดยาว
..............
être couché

รอคอย
..............
attendre

ถือ
..............
porter

นั่ง
..............
être assis

แต่งตัว
..............
s'habiller

นอนหลับ
..............
dormir

ตื่น
..............
se réveiller

มองดู
regarder

ร้องไห้
pleurer

ลูบ
caresser

หวีผม
peigner

พูดคุย
parler

เข้าใจ
comprendre

ถาม
demander

ฟัง
écouter

ดื่ม
boire

กิน
manger

จัดให้เป็นระเบียบ
ranger

รัก
aimer

ทำอาหาร
cuire

ขับรถ
conduire

บิน
voler

ล่องเรือ

faire de la voile

คำนวณ

calculer

อ่าน

lire

เรียนรู้

apprendre

ทำงาน

travailler

แต่งงาน

se marier

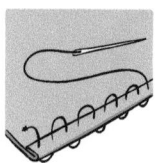

เย็บ

coudre

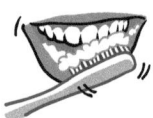

แปรงฟัน

brosser les dents

ฆ่า

tuer

สูบบุหรี่

fumer

ส่ง

envoyer

ยาย
grand-mère

ปู่/ตา
le grand-père

พ่อ
le père

แม่
la mère

ทารก
le bébé

ลูกสาว
la fille

ลูกชาย
le fils

แขก

l'hôte

ป้า

la tante

ลุง

l'oncle

พี่ชาย/น้องชาย

le frère

พีสาว/น้องสาว

la sœur

# ร่างกาย

## le corps

หน้าผาก
le front
ตา
l'œil
ไหล่
l'épaule
นิ้วมือ
le doigt
ใบหน้า
le visage
คาง
le menton
มือ
la main
หน้าอก
la poitrine
ขา
la jambe
แขน
le bras

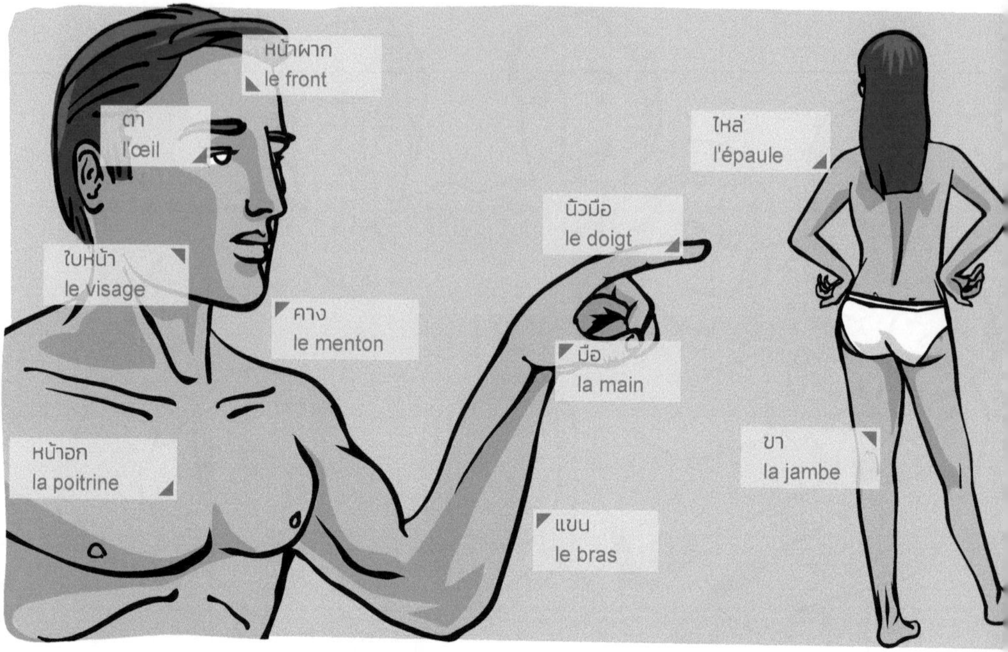

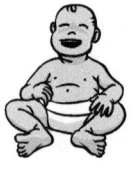

ทารก

le bébé

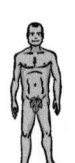

ผู้ชาย

l'homme

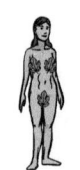

ผู้หญิง

la femme

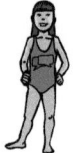

เด็กผู้หญิง

la fille

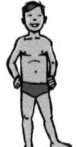

เด็กผู้ชาย

le garçon

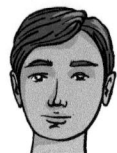

ศีรษะ

la tête

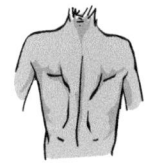

หลัง
le dos

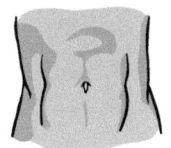

ท้อง
le ventre

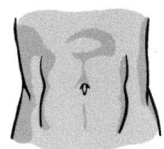

สะดือ
le nombril

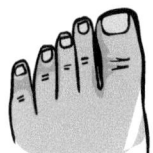

นิ้วเท้า
l'orteil

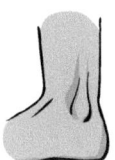

ส้นเท้า
le talon

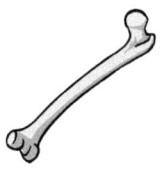

กระดูก
l'os

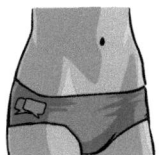

สะโพก
la hanche

หัวเข่า
le genou

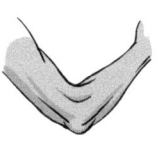

ข้อศอก
le coude

จมูก
le nez

ก้น
les fesses

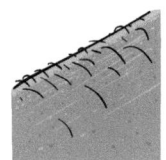

ผิวหนัง
la peau

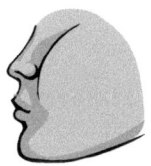

แก้ม
la joue

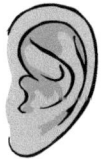

หู
l'oreille

ริมฝีปาก
la lèvre

ปาก

la bouche

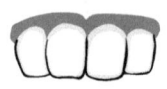

ฟัน

la dent

ลิ้น

la langue

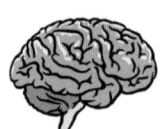

สมอง

le cerveau

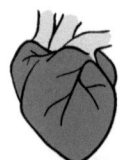

หัวใจ

le cœur

กล้ามเนื้อ

le muscle

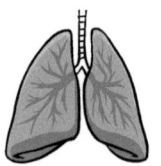

ปอด

les poumons

ตับ

le foie

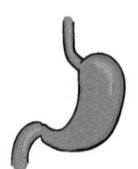

กระเพาะ

l'estomac

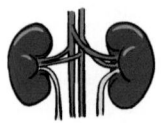

ไต

les reins

เพศสัมพันธ์

le rapport sexuel

ถุงยาง

le préservatif

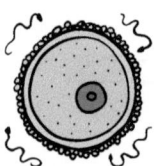

เซลล์ไข่

l'ovule

น้ำอสุจิ

le sperme

การตั้งครรภ์

la grossesse

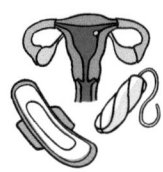

ประจำเดือน

la menstruation

ช่องคลอด

le vagin

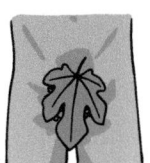

องคชาต

le pénis

คิ้ว

le sourcil

เส้นผม

les cheveux

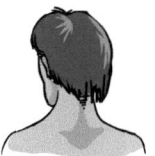

คอ

le cou

# โรงพยาบาล

# l'hôpital

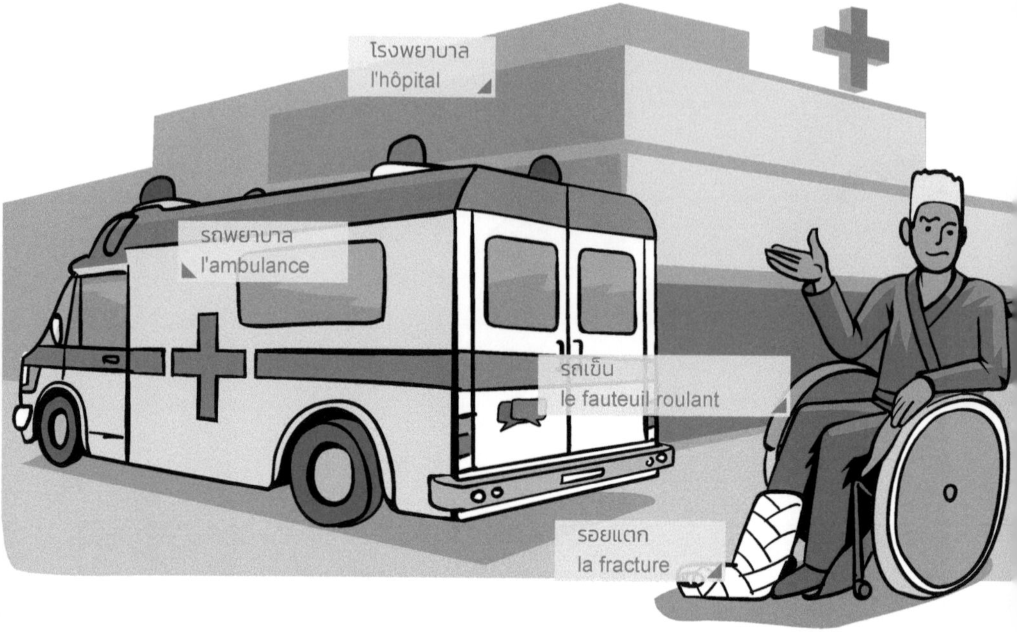

โรงพยาบาล
l'hôpital
รถพยาบาล
l'ambulance
รถเข็น
le fauteuil roulant
รอยแตก
la fracture

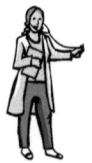

หมอ

le médecin

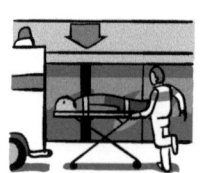

ห้องฉุกเฉิน

le service des urgences

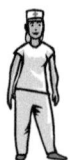

พยาบาล

l'infirmière

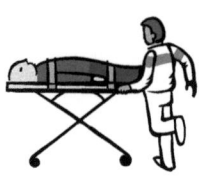

ฉุกเฉิน

l'urgence

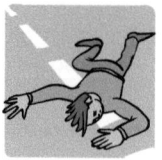

หมดสติ

inconscient

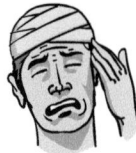

อาการเจ็บปวด

la douleur

การบาดเจ็บ
la blessure

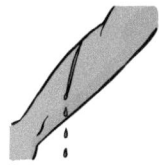

เลือดไหล
l'hémorragie

หัวใจวาย
la crise cardiaque

โรคหลอดเลือดในสมอง
l'attaque cérébrale

โรคภูมิแพ้
l'allergie

ไอ
la toux

ไข้
la fièvre

ไข้หวัด
la grippe

ท้องเสีย
la diarrhée

การปวดหัว
le mal de tête

มะเร็ง
le cancer

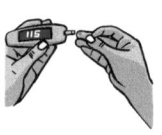

โรคเบาหวาน
le diabète

ศัลยแพทย์
le chirurgien

มีดผ่าตัด
le scalpel

การผ่าตัด
l'opération

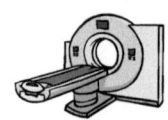

เครื่องเอกซเรย์คอมพิวเตอร์ควา
มเร็วสูง

le CT

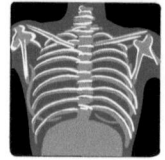

เอกซเรย์

la radiographie

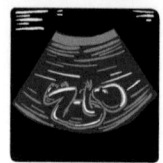

อัลตราซาวด์

l'échographie

หน้ากากอนามัย

le masque

โรค

la maladie

ห้องรอตรวจ

la salle d'attente

ไม้เท้า

la béquille

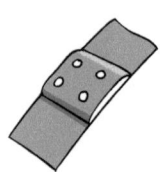

ปลาสเตอร์ยา

le pansement

ผ้าพันแผล

le pansement

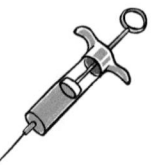

ฉีดยา

l'injection

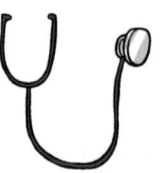

เครื่องฟังตรวจ

le stéthoscope

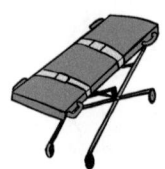

เปลหาม

le brancard

ปรอทวัดไข้

le thermomètre

การเกิด

l'accouchement

น้ำหนักเกิน

la surcharge pondérale

เครื่องช่วยฟัง
l'appareil auditif

สารฆ่าเชื้อ
le désinfectant

การติดเชื้อ
l'infection

ไวรัส
le virus

เอชไอวี/เอดส์
le VIH / le sida

ยา
le médicament

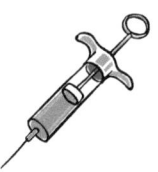

การฉีดวัคซีน
la vaccination

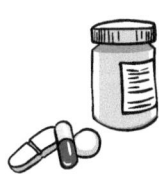

ยาเม็ด
les comprimés

ยาเม็ดกลม
la pilule

โทรออกฉุกเฉิน
l'appel d'urgence

เครื่องวัดความดันโลหิต
le tensiomètre

ป่วย/ สุขภาพดี
malade / sain

ช่วยด้วย!
Au secours !

สัญญาณเตือนภัย
l'alarme

การทำร้าย
l'assaut

การโจมตี
l'attaque

อันตราย
le danger

ทางออกฉุกเฉิน
la sortie de secours

ไฟไหม้!
Au feu!

ถังดับเพลิง
l'extincteur

อุบัติเหตุ
l'accident

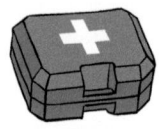

ชุดปฐมพยาบาลเบื้องต้น
la trousse de premier
secours

สัญญาณขอความช่วยเหลือ
SOS

ตำรวจ
la police

ยุโรป

l'Europe

อเมริกาเหนือ

l'Amérique du Nord

อเมริกาใต้

l'Amérique du Sud

แอฟริกา

l'Afrique

เอเชีย

l'Asie

ออสเตรเลีย

l'Australie

แอตแลนติก

l'Océan atlantique

แปซิฟิก

l'Océan pacifique

มหาสมุทรอินเดีย

l'Océan indien

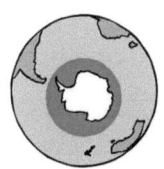

มหาสมุทรแอนตาร์กติก

l'Océan antarctique

มหาสมุทรอาร์กติก

l'Océan arctique

ขั้วโลกเหนือ

le Pôle nord

ขั้วโลกใต้

le Pôle sud

แอนตาร์กติกา

l'Antarctique

โลก

la terre

พื้นดิน

le pays

ทะเล

la mer

เกาะ

l'île

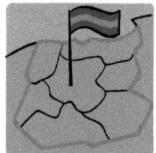

ชาติ/ประชาชาติ

la nation

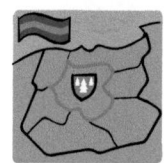

รัฐ

l'état

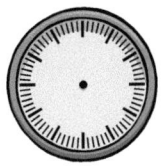

หน้าปัดนาฬิกา

le cadran

เข็มชั่วโมง

l'aiguille des heures

เข็มนาที

l'aiguille des minutes

เข็มวินาที

l'aiguille des secondes

กี่โมงแล้ว?

Quelle heure est-il ?

วัน

le jour

เวลา

le temps

ตอนนี้

maintenant

นาฬิกาดิจิตอล

la montre digitale

นาที

la minute

ชั่วโมง

l'heure

# la semaine

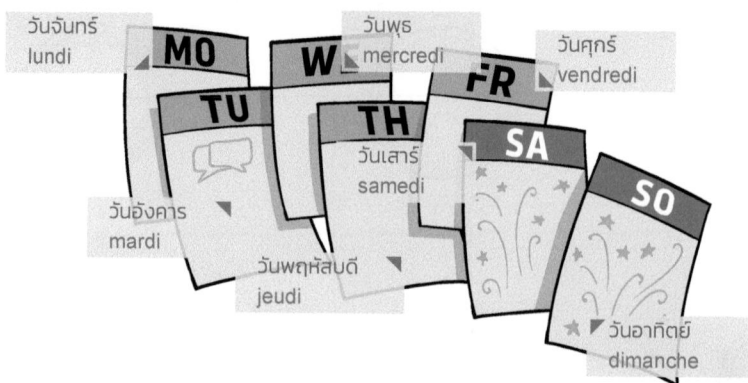

วันจันทร์
lundi

วันพุธ
mercredi

วันศุกร์
vendredi

วันอังคาร
mardi

วันเสาร์
samedi

วันพฤหัสบดี
jeudi

วันอาทิตย์
dimanche

เมื่อวาน
hier

วันนี้
aujourd'hui

พรุ่งนี้
demain

ตอนเช้า
le matin

ตอนเที่ยง
le midi

ตอนเย็น
le soir

วันทำการ
les jours ouvrables

วันสุดสัปดาห์
le week-end

# l'année

ฝนตก
la pluie
รุ้งกินน้ำ
l'arc-en-ciel
หิมะ
la neige
ลม
le vent
ฤดูใบไม้ผลิ
le printemps
ฤดูร้อน
l'été
ฤดูใบไม้ร่วง
l'automne
ฤดูหนาว
l'hiver

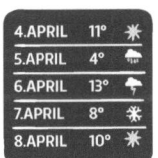

4.APRIL 11°
5.APRIL 4°
6.APRIL 13°
7.APRIL 8°
8.APRIL 10°

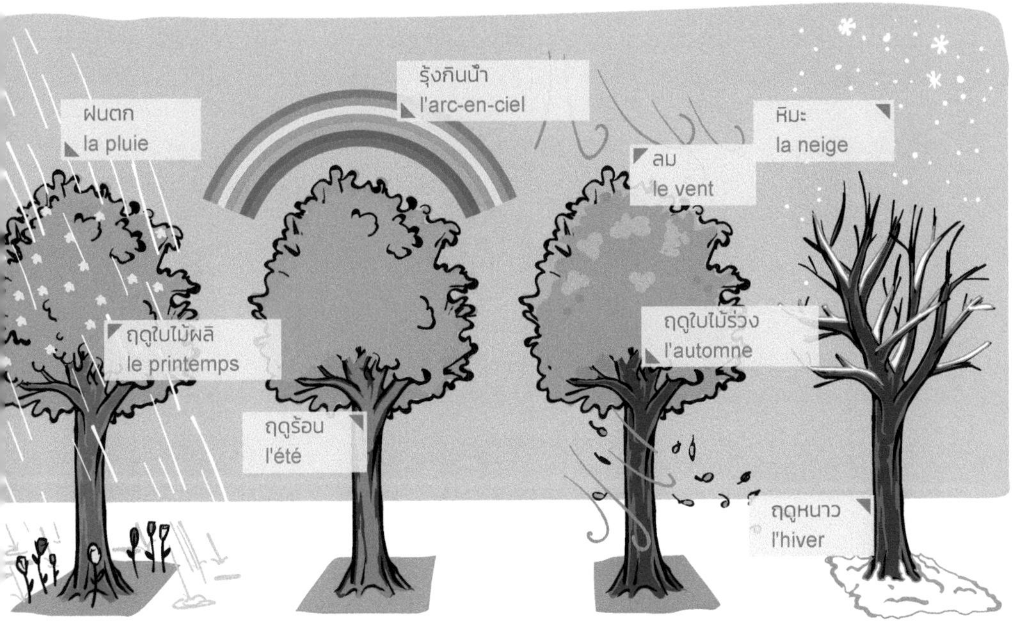

การพยากรณ์อากาศ

la météo

F
C
120
90
60
30
0
-30
40
30
20
10
0
-10
-20

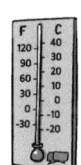

เครื่องวัดอุณหภูมิ

le thermomètre

แสงแดด

la lumière du soleil

ก้อนเมฆ

le nuage

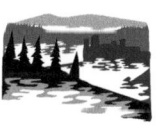

หมอก

le brouillard

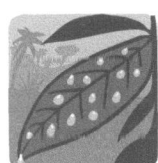

ความชื้น

l'humidité

ฟ้าแลบ/ฟ้าผ่า

la foudre

ฟ้าร้อง

la tonnerre

พายุ

la tempête

ลูกเห็บ

la grêle

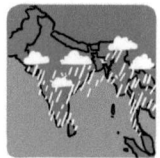

ลมมรสุม

la mousson

น้ำท่วม

l'inondation

น้ำแข็ง

la glace

มกราคม

janvier

กุมภาพันธ์

février

มีนาคม

mars

เมษายน

avril

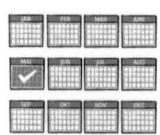

พฤษภาคม

mai

มิถุนายน

juin

กรกฎาคม

juillet

สิงหาคม

août

ปี - l'année

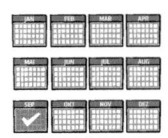

กันยายน
..................
septembre

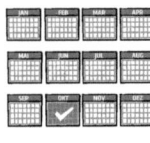

ตุลาคม
..................
octobre

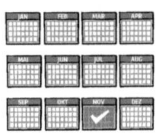

พฤศจิกายน
..................
novembre

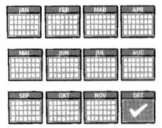

ธันวาคม
..................
décembre

# รูปร่าง

## les formes

วงกลม
..................
le cercle

สี่เหลี่ยม
..................
le carré

สี่เหลี่ยมผืนผ้า
..................
le rectangle

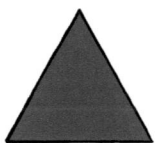

สามเหลี่ยม
..................
le triangle

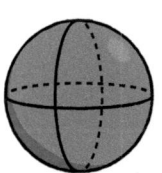

ทรงกลม
..................
la sphère

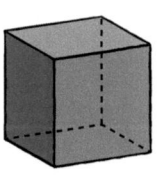

ลูกบาศก์
..................
le cube

# les couleurs

ขาว
............
blanc

เหลือง
............
jaune

ส้ม
............
orange

ชมพู
............
rose

แดง
............
rouge

ม่วง
............
violet

ฟ้า
............
bleu

เขียว
............
vert

น้ำตาล
............
marron

เทา
............
gris

ดำ
............
noir

# les oppositions

มาก/ น้อย

beaucoup / peu

ฉุนเฉียว/ สงบ

fâché / calme

สวยงาม/ น่าเกลียด

joli / laid

เริ่มต้น/ จบ

le début / la fin

ใหญ่/ เล็ก

grand / petit

สว่าง/ มืด

clair / obscure

งชาย,พี่ชาย/ น้องสาว,พี่สาว

frère / soeur

สะอาด/ สกปรก

propre / sale

สมบูรณ์/ ไม่สมบูรณ์

complet / incomplet

กลางวัน/ กลางคืน

le jour / la nuit

ตาย/ มีชีวิต

mort / vivant

กว้าง/ แคบ

large / étroit

กินได้/ กินไม่ได้

comestible / incomestible

ชั่วร้าย/ ใจดี

méchant / gentil

น่าตื่นเต้น/ น่าเบื่อ

excité / ennuyé

อ้วน/ ผอม

gros / mince

อย่างแรก/ สุดท้าย

le premier / le dernier

เพื่อน/ ศัตรู

l'ami / l'ennemi

เต็ม/ ว่างเปล่า

plein / vide

แข็ง/ นุ่ม

dur / souple

หนัก/ เบา

lourd / léger

หิว/ กระหายน้ำ

faim / soif

ป่วย/ สุขภาพดี

malade / sain

ผิดกฎหมาย/ ถูกกฎหมาย

illégal / légal

ฉลาด/ โง่

intelligent / stupide

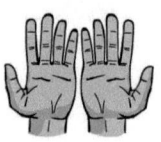

ซ้าย/ ขวา

gauche / droite

ใกล้/ ไกล

proche / loin

ใหม่/ ใช้แล้ว

nouveau / usé

ไม่มี/ บางสิ่งบางอย่าง

rien / quelque chose

แก่/ หนุ่ม

vieux / jeune

เปิด/ปิด

marche / arrêt

เปิด/ ปิด

ouvert / fermé

เงียบ/ ดัง

faible / fort

รวย/ จน

riche / pauvre

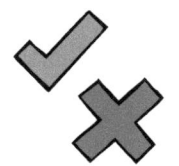

ถูก/ ผิด

correct / incorrect

ขรุขระ/ เรียบ

rugueux / lisse

เศร้า/ ดีใจ

triste / heureux

สั้น/ ยาว

court / long

ช้า/ เร็ว

lent / rapide

เปียก/ แห้ง

mouillé / sec

อบอุ่น/ หนาวเย็น

chaud / froid

สงคราม/ สันติภาพ

la guerre / la paix

# les nombres

**0**

ศูนย์

zéro

**1**

หนึ่ง

un / une

**2**

สอง

deux

**3**

สาม

trois

**4**

สี่

quatre

**5**

ห้า

cinq

**6**

หก

six

**7**

เจ็ด

sept

**8**

แปด

huit

**9**

เก้า

neuf

**10**

สิบ

dix

**11**

สิบเอ็ด

onze

**12**

สิบสอง
..................
douze

**13**

สิบสาม
..................
treize

**14**

สิบสี่
..................
quatorze

**15**

สิบห้า
..................
quinze

**16**

สิบหก
..................
seize

**17**

สิบเจ็ด
..................
dix-sept

**18**

สิบแปด
..................
dix-huit

**19**

สิบเก้า
..................
dix-neuf

**20**

ยี่สิบ
..................
vingt

**100**

หนึ่งร้อย
..................
cent

**1.000**

หนึ่งพัน
..................
mille

**1.000.000**

หนึ่งล้าน
..................
le million

ภาษาอังกฤษ

l'anglais

ภาษาอังกฤษแบบอเมริกัน

l'anglais américain

ภาษาจีนแมนดาริน

le chinois mandarin

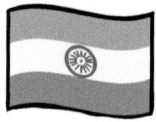

ภาษาฮินดี

le hindi

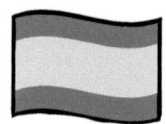

ภาษาสเปน

l'espagnol

ภาษาฝรั่งเศส

le français

ภาษาอาหรับ

l'arabe

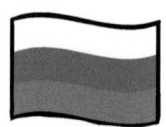

ภาษารัสเซีย

le russe

ภาษาโปรตุเกส

le portugais

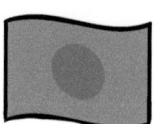

ภาษาเบงกอล

le bengali

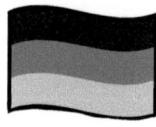

ภาษาเยอรมัน

l'allemand

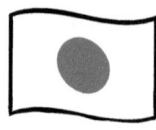

ภาษาญี่ปุ่น

le japonais

ฉัน

je

เธอ

tu

เขา / หล่อน / มัน

il / elle / ce, c', cela

พวกเรา

nous

พวกคุณ

vous

พวกเขา

ils / elles

ใคร?

Qui ?

อะไร?

Quoi ?

อย่างไร?

Comment ?

ที่ไหน?

Où ?

เมื่อไหร่?

Quand ?

ชื่อ

le nom

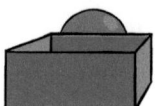

ข้างหลัง

derrière

ใน

dans

ข้างหน้า

devant

เหนือ

au-dessus

บน

sur

ใต้

en-dessous

ด้านข้าง

à côté de

ระหว่าง

entre

ตำแหน่ง

le lieu